O**MEDO**DO**SUCESSO**
A VIDA NOS PALCOS, NO CINEMA E NA TELEVISÃO

INGRA LYBERATO

OMEDODOSUCESSO
A VIDA NOS PALCOS, NO CINEMA E NA TELEVISÃO

L&PM
EDITORES

Texto de acordo com a nova ortografia.

Capa: Ivan Pinheiro Machado
Foto da capa: Carol Beiriz
Fotos: Acervo da autora
Preparação: Jó Saldanha
Revisão: Marianne Scholze

CIP-Brasil. Catalogação na publicação
Sindicato Nacional dos Editores de Livros, RJ

L995m

Lyberato, Ingra, 1966-
    O medo do sucesso: a vida nos palcos, no cinema e na televisão / Ingra Lyberato. – 1. ed. – Porto Alegre, RS: L&PM, 2016.
    168 p. ; 21 cm.

    ISBN 978-85-254-3455-5

    1. Lyberato, Ingra, 1966 - Narrativas pessoais. 2. Sucesso. 3. Autorrealização. I. Título.

16-36728   CDD: 158.1
                                         CDU: 159.947

© Ingra Lyberato, 2016

Todos os direitos desta edição reservados a L&PM Editores
Rua Comendador Coruja, 314, loja 9 – Floresta – 90.220-180
Porto Alegre – RS – Brasil / Fone: 51.3225.5777 – Fax: 51.3221.5380

PEDIDOS & DEPTO. COMERCIAL: vendas@lpm.com.br
FALE CONOSCO: info@lpm.com.br
www.lpm.com.br

Impresso no Brasil
Primavera de 2016

Para meu filho Guilherme

Agradeço aos anjos que moveram mil pedras para me colocar no caminho mais uma vez;

Agradeço ao meu filho, Guilherme, que, com seu amor puro, ilumina meu coração e a minha alma;

Agradeço a minha mãe, Alba, e ao meu pai, Chico, por minha existência, por todo amor e exemplo de integridade;

Agradeço as minhas irmãs, Cândida-Luz e Flor Violeta, e a meus irmãos, João Riso e Timóteo, pela rede de proteção amorosa que sempre me amparou;

Agradeço ao Duca pelo nosso filho e pela amizade de ouro;

Agradeço à Dália pelo amor e parceria e a toda a minha família gaúcha pelo apoio incondicional;

Agradeço à força da vida, que tem me dado tanto o tempo inteiro, me dizendo silenciosamente que estou aqui para ser feliz! Amém!

Introdução

Andei tendo uma visão: Ingra, que tinha acabado de publicar um livro, dando entrevistas em programas de TV. É uma ousadia me imaginar na televisão falando sobre um livro escrito por mim, mas era quase como se fosse outra pessoa, e fortalecia a ideia da publicação. Simbolizava um momento significativo de uma possível realidade. Agora que a pré--visão cumpriu seu papel de me encorajar, está liberada para acontecer ou não.

Estou abrindo meu peito e compartilhando meus pensamentos mais íntimos com você. Vá se acostumando, pois essa é uma das regras deste livro, me expor. Com um propósito: que a minha experiência cheia de altos e baixos possa te ajudar a não cometer os mesmos erros e te inspire para a realização plena de tudo que está travado por crenças limitadoras.

Como disse, me via lançando um livro, mas essa imagem se desfazia diante da pergunta: sobre o quê? Sempre escrevi e li muito e sei que meu texto pode ser bem interessante, mas e daí? Costumo escrever sobre diversos assuntos e com estilos variados e por isso mesmo não conseguia definir "sobre o que" seria. Escrevia diariamente guiada por um impulso e, quando tentava imaginar os textos como livro, não me convencia. Tinha que ser algo genuíno, que fizesse a diferença. Um livro que não dependesse do meu momento na carreira de atriz para empurrá-lo em seu caminho.

Me perguntava: contos, reflexões ou a minha história? Não! Dessas ideias, contar sobre a minha vida era o que parecia menos atraente. Quem vai se interessar? Como minha trajetória pode contribuir para a vida das pessoas? E além disso acho que não conseguiria me lembrar de tudo. Qual seria o fio condutor? Essa ideia me parecia fluida demais e eu podia senti-la escorrer entre os dedos todas as vezes que tentava conceber uma abordagem mais consistente.

Agora, a outra ponta desse fio.

Faço parte da ONG Paz Sem Fronteiras, que trabalha pela paz promovendo seminários e eventos e formando pacifistas graças a muito estudo. Então, estava eu em São Paulo por motivos profissionais quando soube que teria um encontro promovido pela ONG exatamente no dia em que estaria livre, 21 de maio deste ano. Apesar de não ter planejado e de estar chovendo torrencialmente, não vi qualquer motivo real para deixar de ir. Estar nesses encontros sempre foi um chamado mais forte do que qualquer pequeno desconforto que muitas vezes vira desculpa para a gente não sair do lugar. Mesmo assim, cheguei lá debaixo de chuva, pisando em lama e me perguntando se tinha sido realmente uma boa ideia. Por causa do tempo, pouquíssima gente tinha chegado até aquele momento, e os que lá estavam preparavam uma refeição na grande cozinha do local. Então me sentei diante de Ana Vitória Vieira Monteiro, escritora, dramaturga e dirigente da ONG, para conversar. Poucas vezes, em três anos de estudo, a encontrei completamente disponível, sem outros afazeres que exigissem sua presença.

Depois de algumas palavras sobre a minha presença em São Paulo, escutei dela a seguinte pergunta:

— Você fez tantas coisas incríveis na televisão... Por que você sumiu de cena?

Tentei responder, mas só balbuciei, pois não me ocorreu nada minimamente coerente que pudesse ser dito. Claro que essa pergunta já foi feita uma dezena de vezes por onde passo e eu sempre dei mil desculpas: parei para criar cavalos, parei para ter filho, estava descansando. Mas dessa vez essas respostas me pareceram infantis e descabidas. Eu sabia que a Ana estava me perguntando o que REALMENTE tinha acontecido. Ela só se convenceria com uma resposta que me estimulasse a refletir sobre meus atos e suas consequências. Ela queria me ver pegando as rédeas, reconhecendo os caminhos percorridos e sentindo o poder de mudar meu rumo, caso eu quisesse.

Se tiver autorização, ainda vou escrever um livro sobre minhas experiências nesse grupo. Por ora, vamos ficar com a pequena grande história de como este livro foi plantado dentro de mim.

Depois de alguns poucos minutos me ouvindo narrar minha trajetória, ela disse:

— Isso é medo do sucesso. Você deveria contar sua história para outras pessoas e para você mesma. Mas faça isso com verdade. Abra seu coração e conte tudo.

Naquele instante, senti profundamente o motivo de estar ali naquele dia. Foi como se um raio de certeza me atingisse em cheio. A sensação foi tão intensa que as ideias vieram todas de uma vez. Me senti finalmente alinhada com o propósito do livro, precisava organizar tudo na minha cabeça.

Passei os dias seguintes revivendo minha história em pensamento. Revisitei cada fase, checando a veracidade do diagnóstico feito pela Ana Vitória e, acredite, depois de quase uma semana obcecada com o filme da minha vida, cheguei à conclusão: realmente eu tinha sido vítima de mim mesma e do medo do sucesso.

A conclusão foi dolorosa, e a ideia de falar sobre tudo o que aconteceu era extremamente desconfortável. Resolvi encarar. Comecei a escrever, e as palavras vinham como se eu estivesse lendo, muito rápido e de maneira muito incômoda também. Me pôr do avesso era como me desnudar em praça pública, mas não tinha mais volta. Para meu espanto, a história foi se materializando, sem deixar espaço para dúvidas.

Escrevi vinte páginas em poucas sentadas e parei. Resolvi dar um tempo e checar se aquilo valia a pena antes de ir adiante.

Alguns dias depois, na Flip, o encontro literário anual que acontece em Paraty, pedi ao meu amigo e escritor Newton Cannito que desse uma olhada. Ele adorou. Mas meu medo do sucesso marcou presença me dizendo: bobagem, ele sempre gosta do que você escreve porque é seu amigo.

Agradeço ao Newton, que inúmeras vezes me encorajou e me ensinou.

Apesar de insegura, passei um tempo escrevendo esporadicamente, até que, no dia 18 de julho, estava em Porto Alegre e resolvi procurar o amigo Ivan Pinheiro Machado, editor da L&PM Editores, para pedir uma opinião. Nós nos encontramos num café e conversamos por duas horas sobre o tema do meu livro e outros assuntos. Ele foi muito atencioso, mas fez questão de deixar bem claro que daria uma opinião como amigo, e só. Enfatizou com muita delicadeza que leria quando pudesse e sem nenhum compromisso. E nem precisava, pois eu realmente estava pisando em ovos e achava um sonho distante alguém comprar meu projeto.

Voltei para o Rio e esqueci a ideia. Exatamente dez dias depois, estou em casa empenhada em escrever um roteiro de série infantil e me deliciando com isso, quando recebo uma mensagem pelo WhatsApp: "Li cuidadosamente o teu texto. Gostei muito e acho que podemos conversar. Te ligo à noite, pode ser?".

Bem, passei o dia dando saltos de alegria por dentro. Aquilo possivelmente daria samba e mal podia acreditar. Imagine você o que senti quando ele me contou que no meio da loucura de um dia cheio tinha parado uns minutos para dar uma lida rápida no meu livro, para cumprir a promessa, mas acabou grudado no meu relato. Eu realmente não cabia em mim de tanta alegria pelo que estava escutando! Resolvi então sepultar de vez a insegurança e cumprir a minha missão.

Você vai perceber que neste livro cito alguns nomes. Procurei fazer isso com todos que participaram da minha história no que diz respeito ao medo do sucesso, mas falando sempre das minhas questões. A ideia foi expor apenas a mim, revelando minha experiência para que você possa extrair dela algum aprendizado. Acho importante nomear, dar o crédito. Não abri meus caminhos sozinha. Houve facilitadores que merecem ser citados, e eu faço isso com gratidão. Sei que nenhum encontro acontece por acaso, e toda vez que dou o crédito a alguém sinto como se legitimasse e potencializasse o presente recebido. Vejo como uma oportunidade de reconhecimento e de retribuição.

Alguém que facilitou uma ideia, ou me apresentou um amigo, ou me deu uma oportunidade de trabalho, um parceiro de vida ou alguém que me abriu portas. Estendo o agradecimento a todos que não foram citados, mas que, com atitudes aparentemente boas ou não, contribuíram para a construção de quem eu sou.

Com esse sentimento, agradeço a Ana Vitória e à atriz Leona Cavalli por manterem o estudo que tem sido o caminho para meu despertar. Também agradeço a luz compartilhada com todos os amigos da ONG Paz Sem Fronteiras; a inspiração recebida dos colegas de profissão e de todos os irmãos das mais variadas tribos, que me ajudaram e continuam me ajudando de muitas formas e me alimentando com sua energia e exemplos de vida.

Ao contar a minha história, analiso alguns fatos do ponto de vista psicológico, ou espiritual, como preferirem chamar. Peço licença aos mestres para fazer isso. Nunca fiz análise nem fui estudante dessa área da forma convencional, mas tenho amigas terapeutas maravilhosas que ao longo da minha vida, por meio de simples conversas, me transmitiram conhecimentos profundos sobre o assunto. Também sou uma leitora apaixonada de filosofia, de ciências, especialmente de física quântica, de espiritualidade e de pensamentos de pessoas que dedicaram suas vidas ao estudo da alma, da mente e do comportamento humano. Acho que tantos indivíduos e culturas inteiras se dedicam a estudos profundos sobre nós e isso não deve ser desperdiçado. Já escutei a reclamação de que a vida não tem "bula" ou não tem "manual de instruções", mas na verdade há, sim, estudos incríveis sobre o funcionamento das energias, dos pensamentos e do nosso corpo estendido. Está tudo aí, disponível para quem quiser. Realmente não acho inteligente descartar o que já foi observado por várias gerações e os incríveis exemplos de vida para começar do zero na minha breve existência. Aliás, partindo do princípio de que somos uma continuidade na evolução, é valioso um estudo fino sobre esse bastão que estamos pegando, para darmos novos passos e entregá-lo carregado de novas experiências como contribuição para as próximas gerações. De qualquer forma sou apenas uma amadora, no melhor sentido da palavra, e observadora de mim mesma. Tenho ferramentas e convivência suficiente para me analisar, e você pode se espelhar e refletir sobre si depois que conhecer a minha história. Mesmo assim, busquei o aval fundamental das amigas e psicanalistas Christiane Ganzo e Denise Ganzo Aerts, da Bororó25, que chegaram aos quarenta minutos do segundo tempo para avaliarem minha autoanálise e dizerem se era plausível ou se eu estava ficando louca. Qual não foi minha imensa alegria ao saber que não só elas a avalizavam completamente como me trouxeram importantes elementos de compreensão que foram imediatamente incorporados. Eterna gratidão, gurias.

Depois daquele primeiro feedback de um editor experiente como o Ivan, resolvi me dedicar a este relato sempre que possível. Do dia em que comecei até a sua conclusão, foi um pouco mais que três meses, e a sensação que tive escrevendo este livro é que ele estava pronto dentro de mim. Eu só abri as portas para ele chegar. Antes mesmo de ser publicado, a sua realização já está me dando uma felicidade tão intensa que transborda para tudo o que faço. Um milagre. A cura.

Tudo o que temos e desdenhamos nos é tirado. Inconscientemente fazemos o pedido. Estamos em constante diálogo com o universo.

I.L.

Era o mês de maio deste ano. Um dos momentos mais importantes da minha vida. Quando, num processo de três anos, muitas ilusões haviam sido destruídas pela dura realidade e eu precisava ter muita atenção para não cometer os mesmos erros do passado.

Eu tinha mais quinze dias para usar o cartão de crédito, pois, quando a fatura chegasse, não teria como pagar. Não queria e nem podia mais pedir empréstimo, pois o último tinha sido alto e, em dois anos de parcelas com juros estratosféricos, o valor estaria quatro vezes maior. Não podia tirar nem um centavo da conta corrente, porque, além de não ter dinheiro, não tinha mais crédito. Quer dizer, em quinze dias chegariam todas as contas e eu não tinha ideia de como as pagaria. Mas tinha fé. Sempre tive, e naquele momento precisava abrir caminhos que não existiam nem em sonho. Pela primeira vez a escassez tinha sido duradoura e apavorante. Com certa frequência, acordava à noite e a preocupação com as dívidas do mês seguinte se materializava em sensação de sufocamento. Perdia o sono e sentia muita vontade de chorar. Não por me sentir vítima, mas por cansaço emocional. Queria ajudar nos custos de roupa de inverno e da escola do meu filho, mas não tinha nenhum dinheiro. Nenhum mesmo. Só dívidas que cresciam a cada dia! Economizava cada centavo. Só não pirei por causa de uma forte busca espiritual que tinha iniciado o processo de despertar.

Eu tinha conquistado tanto e jogado tudo fora tantas vezes que precisava ter certeza de que dessa vez assumiria toda a responsabilidade por cada passo dado. Sem fugir. Sem medo de dar certo.

No ano de 1991, eu tinha sido uma das grandes revelações na novela fenômeno de público e crítica *Pantanal*. Estampava a capa das principais revistas e era protagonista da novela do momento, *A história de Ana Raio e Zé Trovão*. Tinha convites para teatro, cinema e TV. Podia escolher à vontade e, na vida pessoal, era casada com o homem por quem eu era completamente apaixonada. Em cinco anos, joguei tudo para o alto. Recuperei. Joguei para o alto de novo. E assim prossegui seguidamente até meus 48 anos, quando a vida finalmente me disse: chega de desperdiçar todas as oportunidades. Se você não dá valor, então não receberá mais nada. Vai experimentar a amargura da escassez de trabalho e de relacionamento amoroso.

Se você já desdenhou e perdeu o que recebeu uma única vez na vida, me acompanhe. Vai se identificar com esta história de quem teve o mundo a seus pés e deu as costas sem a valiosa humildade e gratidão.

Vamos lá atrás, onde tudo começou. Cheguei ao Rio no final de 1987. Uma colega da faculdade de dança contemporânea havia me convidado para passar o réveillon na casa de uma amiga dela em Búzios. Eu já tinha 21 anos, mas começara a viajar sozinha havia pouco tempo. Meus pais nos criaram com rédeas curtas, apesar de serem artistas e terem uma mentalidade moderna, meio hippie. Só que esse controle não me impedia de fazer as coisas às escondidas. As escapadas secretas incluíam viagens, mas dessa vez eu contei a eles. Afinal, eu morava em Salvador e estava indo para o estado do Rio de Janeiro. Eu era bem rebelde, acabava fazendo o que queria. Mesmo com esse temperamento, nunca havia usado drogas, tinha tido namoros bem estáveis e iniciei minha vida sexual um pouco tardiamente em comparação com minhas colegas. Mas tinha uma energia tão intensa e provocante que poderia ler na mente de quem não me conhecia: essa deve ser bem louca. Vou deixar você tirar suas próprias conclusões.

Como disse, havia ido passar o réveillon em Búzios. Fui de ônibus com o dinheiro que ganhara na gravação de um comercial. Meus pais tinham que sustentar cinco filhos, e os gastos básicos da família não deixavam possibilidade de viagens como essa. Desci do ônibus numa praça e me deparei com um deslumbrante pôr do sol. Me apaixonei na hora. Pensei: este lugar é o paraíso! Quero viver aqui para sempre!

Minha colega tinha as coordenadas para achar a casa da amiga dela, e lá fomos nós. Depois de muita informação e caminhadas, chegamos. Deixamos as mochilas num quarto e fomos para a cozinha fazer um lanche antes de sair. Acho que cabe contar que naquela noite fumei maconha pela primeira vez na vida e odiei! Tinha acabado de chegar e estava com a minha energia que salta e grita, esperando o momento de ir para a rua me divertir. De repente apareceu aquela maconha passando de mão em mão e eu resolvi experimentar. Pronto. Primeiro ri por uma hora sem parar e depois bateu um bode tão absurdo que caí desmaiada numa cama para acordar só no dia seguinte. Me senti lesada, enganada, idiota. Nunca mais, pensei. Mas aconteceu ainda outras poucas vezes na vida. Sempre experiências ruins. Eu sempre ficava incapaz de qualquer ação e me perguntando por que havia trocado minha linda vivacidade pelo torpor do fumo.

Apesar disso, foram dias incríveis! Aquela cidade era linda e mágica. Conheci muitas pessoas e a maioria bem-sucedida, todos muito alegres e camaradas. Decidimos esticar um pouco as férias e passar uns dias no Rio, na casa da mesma amiga, Isa, que nos recebeu em Búzios. Ficamos um tempo e depois fomos para outra casa. Depois outra, depois outra e assim passamos todo o verão. Nesse Carnaval, desfilei em três escolas de samba: uma baiana de vinte e poucos anos que sabe sambar é sempre bem-vinda em qualquer escola. Saí em cima de carro alegórico na Beija-Flor, numa ala da Salgueiro e na comissão de frente da Mangueira; nessa última por saber dançar. Foi uma coreografia linda com oito bailarinas, a glória. Encontrava muita gente que só se divertia e passei o resto do verão indo a muitas festas. Não tinha dinheiro para nada, mas não me preocupava muito com isso. Sempre aparecia um lugar para me hospedar e uma alma caridosa para oferecer uma refeição. Como já disse, éramos eu e minha amiga Carla, colega da faculdade de dança. Ela tinha um amigo dono de restaurante no Shopping Rio Sul. Ele nos ofereceu várias refeições, mas nos ofereceu também cocaína, que eu experimentei algumas vezes. No início achei incrível aquela "pessoa" falante e alerta que aparecia dentro de mim, mas não conseguir dormir e a artificialidade do estado de excitação começaram a me incomodar. Essa não sou eu! Essa droga vai me destruir. E foi fácil parar, graças a Deus. Resolvi focar no meu trabalho e voltar ao meu estilo de vida saudável e diurno.

Nos muitos encontros desse verão fiquei conhecendo pessoas de teatro que me disseram que eu poderia fazer figuração em novelas que precisassem de dançarina. Estavam gravando a novela *Bambolê* na Globo, com direção do Wolf Maya, e lá fui eu me oferecer para ser figuração. Nessa época ainda não existiam as agências de figurantes. Você simplesmente chegava na Globo, que gravava tudo na rua Jardim Botânico, na zona sul do Rio, e se apresentava. Sempre tinha um lugarzinho para ser figurante, e eu, que dançava, era cheia de atitude e de beleza, só encontrava portas abertas. Marcaram os dias de gravação comigo e lá fui eu feliz da vida ganhar algum dinheiro para passar o resto das férias. Muita produção e muita espera, mas eu estava sempre bem-disposta e, quando o Wolf perguntou para o grupo de bailarinas quem queria dar uma fala, meu braço foi mais rápido do que meu pensamento, levantando prontamente enquanto meus lábios diziam:

— Eu!

A fala era uma única frase e foi inesquecível. Não a fala, mas a sensação de estar muito presente e criativa no momento do "ação". Me senti nas nuvens, me senti viva, me senti plena. Voltei mais uma ou duas vezes para fazer figuração como corista de um cabaré, que na novela era dirigido por Sandra Bréa, e Wolf sempre me dava alguma fala. Eu sentia que tinha jeito para a coisa. Me tornei dançarina contemporânea por causa da paixão que tinha pelos espetáculos de dança a que assistia desde muito pequena, mas a sensação de plenitude e entrega senti mesmo foi atuando quase no susto. Um ser superior havia me dado um carinhoso empurrãozinho pelas costas e eu entrei em cena.

Preciso aprender sobre atuação, pensei. E comecei a procurar grupos de teatro amador que me aceitassem em alguma montagem, mesmo que eu não ganhasse nada. Só queria aprender. Consegui rápido e entrei também num grupo profissional de teatro infantil chamado Sivelu, dirigido pela amada Lupe Gigliote, atriz, diretora e irmã de Chico Anysio. Claro que no início pegava papéis secundários e com pouca fala, mas, à medida que ia aprendendo e evoluindo em cena, ganhava papéis maiores. Foi o que me sustentou por um ano. Assim fui indo, me envolvendo com tudo que aparecia na minha frente. Nessa altura, já tinha decidido trancar o semestre na faculdade de dança e meus pais começaram a se preocupar. Na época não havia celular e eu estava dividindo apartamento com várias pessoas que eu mal conhecia. Isso sempre foi tranquilo para mim. Sei respeitar o espaço do outro e me fazer respeitar, mas minha mãe resolveu vir ao Rio conferir. Por causa da experiência em *Bambolê*, conheci alguns produtores na Globo que me contrataram para fazer elenco de apoio como uma jovem estudante na novela *Pacto de Sangue*, dirigida por Herval Rossano, que me chamava carinhosamente de Branca. Tinha Carla Camurati como professora e eu era uma das alunas dela. Minha mãe chegou e já me encontrou nessa situação de muito trabalho e nenhuma diversão. Depois de uma semana me acompanhando com o valioso amor de mãe, voltou para Salvador tranquila.

    Aprendi muito sobre disciplina fazendo elenco de apoio. Usávamos aquelas roupas de época apertadas e quentes em pleno verão. Se atores principais esperam horas para gravar, imaginem elenco de apoio. Os produtores e diretores se esqueciam da gente. Eu tinha uma tática: quando sentia que não iam mais nos usar, ficava bem quietinha na frente do diretor. Em algumas ocasiões queria só assistir mesmo, mas na maioria das vezes já era noite, o diretor me via, lembrava que estávamos ali à toa e dispensava a gente. Mais tarde, quando me tornei atriz profissional, lembrava dessa época e ficava sempre atenta aos figurantes.

Entre uma atuação e outra, eu pegava trabalhos de recepcionista para pagar o quarto. Lembro de um, distribuindo aditivos em postos de gasolina. Era das sete às dez da manhã e das sete às dez da noite, todos os dias da semana. Ganhava o que precisava para bancar meus custos e ia para o posto trabalhar entre os frentistas, feliz da vida. Conheci muita gente legal nesse trabalho, pois abordava todos os que paravam para pôr gasolina. Estava bem comigo mesma e tendo várias experiências como atriz, que era o que mais me motivava no momento. Continuava dançando e comecei a fazer aula de canto. As pessoas diziam:

– Você não sabe o que quer, não tem foco. Tem que escolher se quer ser dançarina, atriz ou cantora.

Eu respondia:

– O que der certo primeiro, tá valendo. Vou tentando de tudo.

Eu realmente me metia em tudo e achava que ficaria uns dez anos fazendo teatro antes de fazer alguma coisa importante na TV, estava apenas começando. Nessa época fiz minha primeira peça adulta, *Tiradentes*. Uma superprodução, dirigida por Paulo Afonso Grisolli, que reabriu o espaço da Fundição Progresso, um dos maiores centros culturais do Rio, localizado na Lapa. Eu tinha um papel pequeno, mas o elenco contava com muitos atores veteranos, o que atraiu a atenção da imprensa para o espetáculo e me proporcionou alguns elogios da crítica.

Nessa época eu tinha começado a namorar o Nuno Leal Maia, um ator bem mais velho do que eu. Quando jovem, eu gostava de homens bem mais velhos. Sempre achei que a combinação da maturidade com a juventude dá muito certo. Ele era um cara tranquilo, na dele. Nós nos conhecemos numa peça comédia caça-níquel da qual participei para fazer apenas uma viagem: Manaus. Seria um único final de semana, mas tivemos que ensaiar por duas semanas, e viajar para destino tão longínquo demandou mais uma. Quase um mês de processo que no final nos aproximou muito, eu estava encantada com o jeitão amoroso e confiante do Nuno. Foi meu primeiro namorado no Rio. Um namoro tranquilo, de ficar em casa ou pegar a estrada Rio-Santos parando para subir em árvores. Às vezes também íamos para Mauá ficar num sítio isolado comendo truta e respirando ar puro. As poucas vezes que saíamos em público eram para ir ao cinema. Ele não gostava do assédio dos fãs e, quando eu perdia a paciência com ele, ele dizia:

– Você vai ficar famosa e vai sentir na pele como é ruim um monte de gente te olhando e pedindo autógrafo.

Ele acertou na profecia da fama, mas errou na previsão da minha relação com os fãs. Sempre gostei do contato olho no olho com as pessoas que admiram meu trabalho. É um momento mágico em que o fã me alimenta de uma energia muito boa e não o contrário, como o Nuno pensava. Mas ele é um cara realmente especial.

Tinha essa vida bem pacata com o Nuno e, quando não estava com ele, o bicho pegava. Corria mesmo atrás de trabalho.

Fazia tudo que era teste e participava com dedicação em tudo que aparecia para mim. Mesmo assim ganhava pouco dinheiro para pagar aluguel, comer e me locomover. Andava muito a pé de um bairro para outro. Assim economizava no transporte. Conseguia aulas gratuitas de canto e de ballet, e roupa não comprava nunca. Mas vivia bem feliz. Algo me dizia que eu estava no caminho certo e que tudo do que realmente precisava, conseguiria. Até que um dia um amigo do Nuno, Hervé Pereira, me convidou para participar de uns desfiles do "Garota do Fantástico". O "Garota do Fantástico" era um concurso feito no programa em que o público elegia a garota mais carismática. Eu nunca tinha participado desse concurso, mas participava dos desfiles. Ganhei algum dinheiro com isso, fizemos uma linda amizade e um dia ele me ofereceu para ficar em um dos quartos do apartamento dele no Leblon. Eu já tinha confiança suficiente na nossa parceria para aceitar e lá fui eu. Ele não me cobrava nada. Só a amizade e alguns minutos de conversa em que me contava suas histórias com o "rei Pelé" e com o "rei Roberto Carlos". Ele tinha dois quadros na parede da sala: duas fotos emolduradas, cada uma com um deles. Bem grandes. Ele amava os "reis" e eu amava esse amigo. Me ajudou muito com sua generosidade. A amizade dele com Nuno aumentou, afinal, ele acolheu a namorada do amigo. E estar sempre com Nuno fazia ele ter muito crédito com as moças bonitas de quem ele precisava para os desfiles. Acho isso muito certo. Amizades que se ajudam e todos saem ganhando. Eu realmente serei eternamente grata ao Hervé.

Foi então que a Globo resolveu fazer uma oficina diferente. Eles sempre faziam com cenas de novela, mas dessa vez seria uma oficina de teatro com textos clássicos e um estudo mais aprofundado. Os professores seriam Denise Bandeira, Carlos Gregório e Beto Silveira. Eu tinha sido selecionada por eles, mas, como vivia me mudando, não haviam me encontrado. Um dia, eu estava subindo a Rua Lopes Quintas e dei de cara com Beto Silveira, que me disse:

– Onde você andava? Te selecionamos para uma oficina muito importante e não te encontramos. Começou ontem.

Eu praticamente implorei para entrar, mesmo com um ou dois dias de atraso. Como eles estavam oferecendo a oficina sem cobrar nada, apenas por acreditar nesses jovens, e o processo todo duraria três meses, o Beto aceitou meu pedido e consegui entrar. Foram tempos de muitas descobertas e muita entrega, sem falar que estávamos ali todos os dias estudando sobre atuação com tudo oferecido pela própria Globo. Eu achava aquilo o máximo, mal sabia que ainda viria muito mais.

Vou "pausar" um pouco minha história pra falar sobre estar aberto para o que vier. Quando eu era jovem, tinha muitos sonhos e poucas expectativas. O mundo a minha volta alimentava meu imaginário, mas isso não queria dizer que eu estaria num lugar similar ao daquelas pessoas. Eu simplesmente as admirava e convivia com elas com muita naturalidade. Falo dos grandes artistas com quem trabalhei nessa fase. Não só na TV como no teatro. Assim foi com "Os Trapalhões": Renato Aragão, Dedé Santana, Mussum e Zacarias. Durante um ano, dancei no espetáculo que faziam pelo Brasil e desenvolvi uma amizade com eles que me deixou lindas lembranças. Às vezes também me chamavam pra ser elenco de apoio no programa que faziam na Globo, e eu sempre esperava menos do que se apresentava na realidade. Achava que o convite era para uma participação pequena e, chegando ao set, as coisas iam se transformando e eu "crescia" em cena. Expandia sem medo e sem censura. Não sabia aonde aquilo tudo me levaria e não estava preocupada. Estava vivendo o momento sem o peso de ter que corresponder a alguma expectativa minha e dos outros. Eu não era "ninguém" e estava de bem com isso. Brincava que era "uma retirante nordestina" e só queria fazer meu trabalho em paz, aprender e pagar minhas contas. Essa leveza e presença no agora é o segredo. Não ter expectativa e seguir o coração, vivendo plenamente cada passo dado, é o que permite que a vida flua e se manifeste livremente. Muitas vezes impomos tantas direções e passos que queremos dar que amarramos o destino, não deixando que ele "faça acontecer". Acontecer o quê? O que queremos de verdade. Lá no fundo, nosso ser mais sutil sabe o que realmente buscamos, mas nossa mente se ilude facilmente e às vezes atrapalha essa conexão com nós mesmos. E com o passar do tempo, essa "distração" causada pela mente pode ficar pior. À medida que vamos construindo uma história, começamos a criar padrões de como ela deve seguir baseados no que todos pensam e, pior, baseados em histórias já vividas por outros. Dessa forma, perdemos a oportunidade de nos abrir para uma história realmente nova e única. Quando iniciamos um caminho, estamos abertos a todas as possibilidades. Por isso a virada de ano ou uma mudança de casa e de emprego trazem consigo a chama da entrega para o novo, deixando que a vida nos mostre outras direções. À medida que envelhecemos, criamos padrões repetitivos, e vai ficando cada vez mais difícil dar essa "permissão" para a vida acontecer. Passei muitos momentos assim: nadando contra a maré. Querendo impor algo que eu achava que devia ser e perdendo grandes oportunidades de expansão da minha capacidade criativa. Naquela época, não. Aproveitava bem cada chance recebida e dizia sim pra tudo com força e coragem. Eram pequenos desafios. Vamos ver onde isso vai dar.

O voo

ENQUANTO EU ESTAVA DENTRO DA GLOBO fazendo a oficina, o diretor Luiz Fernando Carvalho estava selecionando elenco para *Tieta*, novela baseada no romance de Jorge Amado. Um dia, alguém da produção bateu lá no nosso curso em nome do Luiz para me convidar para fazer a Tonha jovem, papel da Yoná Magalhães na fase adulta. Achei maravilhoso, mas não gostei quando soube que os ensaios poderiam atrapalhar as aulas da oficina. Na época, a Globo tinha muito medo de colocar atores novos em papéis de destaque. Como o Luiz tinha escolhido praticamente só atores desconhecidos para o primeiro capítulo da novela – apenas a Claudia Ohana, como Tieta jovem, era conhecida e tinha experiência –, ele precisava nos ensaiar um a um com muito afinco, cena por cena. Tive que conciliar esses ensaios com as aulas, e no último dia da oficina, quando gravaríamos nossa cena para o arquivo da Globo, era necessário ensaiar para a novela. Lembro-me do Beto dizendo:

– Ingra, tudo isso que a gente está fazendo aqui é para vocês terem essa oportunidade. Se não der para gravar a cena da oficina, tudo bem.

Mas de jeito nenhum eu ficaria sem gravar minha cena! Tinha ensaiado e me preparado com meu colega Humberto

Martins. Não ia abandonar o barco. Felizmente deu tempo para tudo e eu pude finalizar a oficina com chave de ouro.

Sai dali direto para Mangue Seco, na Bahia, para gravar as cenas externas de *Tieta*.

Era tudo muito novo e eu ainda muito tímida na relação com as pessoas, mas na hora da cena eu me jogava. Era bem inexperiente, mas graças a Deus tinha o Luiz Fernando ali nos regendo, aquele monte de atores jovens com muita energia e pouco traquejo. Ficamos lá mais ou menos duas semanas e voltamos para fazer as cenas de estúdio no Rio. Não foi fácil. Houve cenas que me exigiram muito, mas corri atrás e dei conta do recado. Foi um primeiro capítulo de uma hora e meia lindíssimo! Parecia um longa-metragem! Foi um sucesso! Como eu só fiz esse primeiro capítulo e estava muito caracterizada, não tive reconhecimento de público, mas a crítica mais uma vez me elogiou e os colegas do meio já ficaram de olho. Por causa desse trabalho, a produtora de elenco Marcia Ítalo me chamou para fazer um teste para a próxima novela da Manchete, que se chamaria *Pantanal*. Jayme Monjardim e Nilton Travesso haviam assumido a direção artística da TV Manchete e estavam finalizando *Kananga do Japão*, uma novela de época muito bem feita que vinha tendo boas críticas e bom público, mas ninguém imaginava que um fenômeno estava a caminho.

Preciso abrir aqui um parêntese. Um ano antes, eu havia "invadido" a sala do Jayme Monjardim com meu currículo. Anunciei que estava levando uma correspondência de um ator que ele havia convidado para a novela *Kananga* e, quando ele me recebeu, eu disse que tinha inventado essa história para poder entregar o meu currículo em mãos. Imagina! Uma jovem com uma trajetória recente como dançarina, quase dois anos de carreira como atriz e achava que meu currículo era significativo. Realmente eu tive muita cara de pau. E foi exatamente o que ele disse:

— Espero que você seja tão boa atriz quanto é cara de pau.

E marcou para eu fazer um teste alguns dias depois. Ele não estava no dia do teste, e provavelmente o elenco já estava fechado, por isso não deu em nada daquela vez, mas então, um ano depois, me convidaram para fazer esse novo teste. Às vezes parece que está tudo predestinado. Fui no dia combinado e dessa vez o Jayme estava lá. Éramos eu e o Paulo Gorgulho, um ator consagrado no teatro paulista, mas que nunca havia feito televisão. Me lembro de cada minuto daquele teste. Era umas sete horas da noite e chegamos pontualmente, quase juntos. Havia uma atmosfera de sucesso, os encontros acontecendo com muita intensidade e tudo dando certo. Fomos para o estúdio gravar o que seria uma cena de Madeleine e Zé Leôncio, casal principal da primeira fase da novela *Pantanal*, escrita por Benedito Ruy Barbosa. A cena aconteceu com enorme química entre nós dois. Eu me surpreendi com a carga de verdade que veio à tona quando nos aproximamos em cena. Era possível escutar nossa respiração e pausas profundamente verdadeiras. Realmente aconteceu uma mágica naquela noite, e poucos dias depois fui chamada na sala do Jayme. Ele tinha gostado tanto que, em vez de me aprovar apenas para a primeira fase da novela, cogitava me colocar em outro papel para ficar a novela inteira.

Aqui começa a minha análise sobre o medo do sucesso.

É claro que participar da primeira fase da novela já era uma oportunidade maravilhosa, e realmente foi, mas acho que o Jayme percebeu, quando me ofereceu essa possibilidade, que eu titubeei em aceitar o papel maior. No fundo eu tive medo e não confiei em mim mesma. Já estava apegada à ideia de fazer par com o Paulo Gorgulho, com quem me entendi tão bem. A questão é que teria sido incrível com os outros atores também. Me agarrei à experiência que tinha acabado de dar certo e parecia garantida. Tive medo de me arriscar diante do novo desafio. Só que nada é certo e garantido. O caminho e o sucesso vão sendo construídos à medida que caminhamos. Saber habitar a incerteza e receber o melhor de cada momento é um aprendizado que traz muita liberdade e oportunidade de crescimento.

É claro que na época não tive a menor consciência disso. Achei que o papel menor, em que eu estava confortável, era melhor e pronto. Tudo resolvido, embarquei nos primeiros dias do ano de 1990 para o Pantanal com alguns atores que fariam a primeira fase e outros que estavam indo só para se ambientar. Paulo Gorgulho já estava lá havia dias. Nessa semana, chegamos eu, Marcos Palmeira, Tânia Alves, Marcos Winter, que faria meu filho na segunda fase, e talvez mais alguém de quem não me lembro.

Estávamos muito eufóricos com a empreitada. Lembro que, nessa primeira ida, chegamos a Campo Grande para pegar o avião bimotor que nos levaria até a fazenda, mas antes fomos para um hotel descansar. Conhecíamo-nos pouco, mas tínhamos algo em comum que falava por si: a euforia por estar num projeto fantástico que aconteceria no meio do Pantanal. Ninguém conseguiu ficar só no próprio quarto. Nós nos juntamos para conversar, nos entrosar e extravasar tanto entusiasmo.

O que tinha assustado alguns atores veteranos para a gente era o grande atrativo. Explico. *Pantanal* precisou usar atores novos porque alguns muito conhecidos não toparam a aventura. Eles recusaram o convite do Jayme pelas condições não muito seguras de transporte e estadia. A gente ia de avião de carreira até um certo ponto e, depois, só de avião bimotor ou monomotor que aterrissava em pastos, às vezes à noite ou debaixo de temporais. E lá no Pantanal o que não faltava era cobra, onça, jacaré, piranha e tudo que é tipo de risco que não nos abalava em nada. Muito pelo contrário. Toda aquela aventura nos deixava com uma sensação de vitalidade tão grande que passava para a tela. Mais tarde, o fato de o Jayme ter sido "obrigado" a investir em novos talentos e ter tido tanto sucesso provocou uma mudança de comportamento que foi benéfica para todos nós. Como disse, naquela época a Globo ainda tinha muito receio de colocar atores inexperientes em papéis de destaque. Só alguns poucos diretores tinham esse hábito, como Luiz Fernando Carvalho. Então, diante do enorme sucesso de *Pantanal*, encenada por atores que ninguém nunca tinha visto, a Globo colocou no ar a novela *Rainha da Sucata*, em que exatamente todos os papéis eram representados por atores do primeiro escalão. De nada adiantou. Os atores iniciantes da Manchete continuavam vencendo o páreo da audiência. Foi então que a maior emissora se convenceu de que o que importa é o talento do ator, e não o fato de ele ser conhecido. Graças a esse momento na história da TV, hoje a Globo descobre e lança novos talentos vindos de todo o Brasil. Claro que continuam tendo seus artistas consagrados, mas também investem num time de produtores de elenco muito capacitados para garimpar atores novos e talentosos, que cumprem lindamente seus primeiros papéis de destaque.

De volta para o passado. Chegamos então na fazenda do seu Rondon no final do dia, vindos de uma viagem incrível em um avião bimotor, dando rasantes em cada capivara ou jacaré que aparecia lá embaixo.

Fomos recebidos pela equipe da forma mais calorosa possível. Já estavam lá havia dias gravando imagens e descobrindo o lugar.

Bem, o Pantanal é um dos lugares mais mágicos que existe. Um divisor de águas na vida de quem pisa naquele solo sagrado. Cada árvore, cada pássaro com seu canto único, cada pôr do sol, cada pedacinho do rio Negro faz seu corpo e sua alma vibrarem como se você estivesse nascendo naquele momento. A sensação que eu tinha, constantemente, era de que o mundo estava sendo criado naquele instante. Difícil descrever. Foram dias intensos e coloridos. Dormíamos em quartos coletivos divididos apenas para homens e para mulheres. Era uma fazenda-hotel simples e confortável. O luxo que tínhamos era a natureza exuberante a nossa volta e o estilo de vida muito saudável. Respirava profundamente cada momento do dia e tenho muitas lembranças inesquecíveis. Como o dia em que o Paulo Gorgulho teria que fazer uma cena de grande emoção em que o Zé Leôncio contava sobre sua origem. Passamos o dia gravando juntos cenas mais amenas e, no entardecer, começaram a preparar o set para a tal cena. Posicionaram alguns peões de verdade como sendo empregados do Zé Leôncio. Era um momento de descontração dos empregados com o patrão, que culminava em um desabafo sobre lembranças do pai. Paulo se sentou no lugar dele em cena e ficou se concentrando enquanto a direção de arte dava os últimos retoques. Então o Jayme se aproximou e começaram a passar o texto. Paulo deu todo o monólogo, que era longo, e no final Jayme percebeu que ele já estava muito emocionado. Jayme chamou o câmera para rodarem rápido aproveitando a emoção do ator e o câmera tinha ido fazer alguma outra coisa. O Jayme então pegou a câmera nos braços, rodou e deu o "ação"! Paulo brilhou muito, foi uma das cenas mais emocionantes a que já assisti ao vivo. Todos no set choraram. Quando o câmera voltou, a cena estava no meio e não dava para o Jayme passar o equipamento para ele. A cena acabou em take único e em meio a aplausos. Então o câmera revisou e pediu para repetir, porque havia um instante sem foco. O Jayme negou veementemente. A emoção do ator era muito mais importante do que um detalhe técnico.

Devo ter ficado por lá umas duas ou três semanas... não lembro bem. O tempo no Pantanal era outro. Dessa experiência, uma admiração mútua e luminosa foi nascendo entre mim e o Jayme.

Hoje penso que fui bem preparada pelos meus pais no entendimento do que é ético e apropriado como comportamento nas relações humanas. Aliás, quando as coisas começaram a acontecer na minha vida, lembro que repetia em cada entrevista que tudo o que eu era devia à educação recebida de meus pais. E é a pura verdade. Aproveito para falar diretamente aos pais que têm seus filhos recém-saídos de casa. Fiquem tranquilos. Todos os ensinamentos que negamos por rebeldia e pelo desejo saudável de querer andar com as próprias pernas começam a se fazer presentes no dia a dia quando saímos de casa. Incrível como, quando me vi só no mundo, "escutava" as palavras de minha mãe ou de meu pai me guiando sempre que eu precisava. No momento em que eles não estavam mais me vigiando, me libertei da rebeldia infantil para entender que estavam certos. Todo o cuidado nas atitudes e o respeito com os outros para ser respeitada, de repente, começou a fazer o maior sentido, e eu me sentia finalmente me assumindo como adulta responsável pelas consequências dos meus atos. Uma enorme firmeza se fez presente.

Estou dizendo isso porque essa admiração pelo Jayme citada há pouco ficou contida e preservada no meu coração. Ele estava em momento de grandes mudanças na vida pessoal e eu precisava respeitar. Não tinha pressa e decidi acompanhar os acontecimentos com cuidado para não abalar a relação profissional e de amizade que começava naquele momento. Graças aos ensinamentos sobre respeito ao outro e valores éticos, recebidos dos meus pais, enxerguei que era melhor esperar as águas se acalmarem e perceber se meu sentimento era legítimo.

Passávamos dias muito tranquilos gravando em volta da fazenda, num ritmo bem orgânico, e de vez em quando os gritos de uma cena mais dramática cortavam o silêncio. Éramos alimentados por uma natureza plena de força e beleza e cada momento do dia oferecia um espetáculo inesquecível. Todas as sensações eram muito intensas e pacíficas, nos deixando em estado de pura criatividade. Eu, na minha pouca experiência, criava mecanismos para trazer verdade às cenas. Como por exemplo na cena de um parto. Nunca tinha tido filho e não fazia ideia de como era essa dor. Apesar de ter todas as mães do set tentando me explicar, o que funcionou mesmo foi colocar uma fivela de cabelo com pontas espetando minha barriga para causar uma dor verdadeira. Intuitivamente, sempre busquei verdade no corpo. Talvez por causa da consciência corporal adquirida na dança, meu corpo dialoga comigo o tempo todo e eu preciso trazê-lo para o jogo cênico, fazendo ele acreditar. No fim a cena ficou linda! Estar no Pantanal era a grande fonte de inspiração. Éramos atravessados pela força da natureza e aquilo irradiava em cena. Quase não tínhamos contato com o mundo. Não havia TV nem telefone. O máximo que tínhamos era um radioamador com o qual se podia ligar para o telefone fixo de nossas casas – e nossas conversas eram ouvidas por todas as fazendas da região. Não tinha jeito. Existem histórias incríveis sobre isso, inclusive sobre um término de casamento transmitido por esse rádio, com parte do Pantanal ouvindo na escuta aberta.

Lembro também do dia em que teria que tirar a roupa e fazer uma cena completamente nua. Tinha dormido pouco por causa disso e estava apavorada. O Jayme olhou para mim, enxergou meu desespero e disse calmamente:

– Quer fazer essa cena daqui a dois dias?

Aceitei imediatamente. Nessa noite chamei o Paulo Gorgulho para dar uma volta ali perto e confessei minha dificuldade. Pedi que ele ficasse à vontade e me apoiasse para que a cena contivesse verdade e cumplicidade. Isso mudou tudo. Viramos grandes amigos e fizemos cenas antológicas, como a em que rolamos na areia nus (apelidada divertidamente de "amor à milanesa"), nos amamos nas águas do rio Negro e nos beijamos por "horas" em cima de uma chalana deslizando ao pôr do sol.

Eu poderia escrever um livro inteiro sobre a experiência vivida no Pantanal, mas vamos em frente.

Voltei para o Rio completamente contagiada pela vida pulsante daquele lugar! Uma espécie de consciência da existência de algo maior veio comigo. Sentia falta daqueles dias tão intensos. Lembro que poucos dias depois fui até a Manchete para algum procedimento burocrático e encontrei alguém da equipe que estava saindo para viajar e gravar no Pantanal. O Jayme tinha ficado lá dirigindo e eu estava louca de saudade! Então pedi que essa pessoa levasse e lesse uma carta minha para toda a equipe. Ele concordou e eu escrevi uma das cartas mais românticas que já fiz em toda a minha vida. Falava de uma saudade profunda e de um afeto infinito por todos que estavam lá gravando. Me comparava a uma namorada que respira dia e noite a lembrança do amado enquanto aguarda seu retorno. Claro que cada palavra foi inspirada no que eu sentia pelo Jayme, e ele era o endereço secreto da linda declaração de amor. Muito tempo depois ele me contou que essa carta foi lida em voz alta para toda a equipe e levou algumas pessoas às lágrimas. Poucos dias depois, estavam todos de volta para gravar as cenas de estúdio. Eu estava imbuída de muita inspiração e contava com a generosidade dos atores que faziam meus pais: Sérgio Britto e Natalia Timberg. Foi um privilégio.

Nem eu nem ninguém fazia ideia do fenômeno que seria essa novela. Já na primeira semana a audiência explodiu, nos surpreendendo. Na segunda semana, Paulo Gorgulho e eu já éramos capa das revistas de novelas e meus parentes e amigos estavam completamente surpresos com o que acontecia. Eu ainda namorava o Nuno, apesar de estarmos um pouco afastados por conta da ida ao Pantanal e por causa do ritmo intenso das gravações no Rio, e, quando assistimos juntos ao primeiro capítulo, ele ficou chocado! Eu praticamente protagonizava todas as cenas. Não havia contado, por perceber que ele achava que eu não teria tanta competência. E tive. Realmente dei conta e fui muito elogiada. À medida que eu brilhava a cada capítulo, meus olhos brilhavam pelo Jayme e eu resolvi terminar meu namoro com Nuno. Queria ser honesta comigo e ter a consciência limpa para viver meu amor platônico. Hoje eu percebo a importância da conduta correta em todos os setores da vida. É como se a correção e a ética nos fortalecesse tanto que os objetivos são alcançados mais rápido. Como se, no mundo das energias, a retidão representasse foco, enquanto os deslizes de conduta representassem curvas, distrações e ilusões que só retardam o avanço. Sempre que comecei um processo autodestrutivo, estava agindo na ilusão, contra mim mesma e contra as pessoas que amava. Desperdiçando tanta energia, me desviando tanto do que realmente queria que pouco a pouco começava a me sentir fraca e distante de mim. Sinto que nessas horas nosso ser mais sutil tem consciência de que saímos do foco assertivo, mas apenas observa nosso ego enrolado em suas próprias armadilhas, aguardando pacientemente o momento em que finalmente abriremos os olhos. Às vezes dura uma vida inteira.

Nesses primeiros dias de estreia da novela, minha rotina continuava igual, apesar de todo o sucesso. Ia às aulas de canto e de ballet, ensaiava o teatro infantil e fazia tudo de ônibus. Eu gostava de andar de ônibus pelo Rio. Lembro que comprava um pacote de biscoito integral, sentava na janela e ficava durante as horas de trânsito intenso bem tranquila contemplando a rua. Um dia, Jayme me chamou e avisou que eu teria que parar de andar de ônibus. Ele tinha esse cuidado e gostava de orientar seus atores em tudo, principalmente se fosse um iniciante. Dei um pulo na cadeira:

— De jeito nenhum! Adoro andar de ônibus e não quero ficar gastando com táxi!

Já tinha passado muito aperto e não sabia até quando estaria contratada. No dia seguinte a esse aviso, durante uma viagem de ônibus, os olhares se voltaram para mim e eu tive que dar uns vinte autógrafos. Quer dizer, minha primeira sessão de autógrafos foi dentro de um ônibus, e eu realmente me senti desprotegida. Percebi que alguns hábitos teriam que ser mudados a contragosto.

Vale abrir uma reflexão aqui. O que isso significa, na ótica do medo do sucesso? Estar fazendo sucesso de certa forma me obrigou a mudar o estilo de vida e incorporar hábitos mais caros que eu precisaria sustentar dali pra frente. Ou pelo menos se eu quisesse me sentir mais confortável e segura na minha privacidade. Às vezes podemos preferir um estilo de vida simples por não acreditar que teremos condições de sustentar um estilo de vida mais caro; ou que não merecemos. E quando eu digo mais caro não estou falando de ter um Mercedes ou um jatinho particular, mas de simplesmente pegar um táxi ou comprar um carro. À medida que vamos galgando os degraus do sucesso, nosso padrão vai subindo e precisamos ter coragem e firmeza para sustentá-lo. Temos que assumir a responsabilidade de manter a estrutura que vai sendo adquirida e sermos provedores de nós mesmos. Sem medo de crescer e atingir a maioridade de verdade, virar adulto. Isso pode assustar e fazer com que busquemos inconscientemente formas de autossabotagem, principalmente se tem alguém próximo disposto a assumir nossa guarda. Mas nesse momento eu ainda não tinha acionado a artilharia pesada contra mim. É apenas uma reflexão para nos conscientizarmos de como nos distraímos e não percebemos os sinais do caminho que estamos trilhando.

Sinais

A NOVELA IA AVANÇANDO COM SUCESSO estrondoso e de repente me dei conta de que poderia ter aceitado o convite para ser parte do elenco permanente, e não apenas da primeira fase. Essa constatação me consumiu por dias, semanas, meses. Assistia à novela desejando estar lá. Já tinha sido incrível participar do início, imagina o tamanho do ganho se tivesse ficado até o fim. Não tive paciência para esperar e entrar depois e agora não adiantava "chorar sobre o leite derramado".

Depois disso, abri os olhos e me mantive um pouco mais atenta comigo.

De vez em quando todo o elenco contratado da Manchete ia à emissora gravar chamadas em que exaltávamos o sucesso de *Pantanal* sobre a novela do momento na Globo. Foi uma verdadeira guerra. Havia noites que o Jayme Monjardim e o Nilton Travesso passavam na emissora. Viviam em função do Ibope minuto a minuto, transmitido em tempo real de São Paulo. Tinham terminais do Ibope em suas salas e em suas casas! Os técnicos da Manchete também tinham um informante na Globo que dizia o segundo exato em que a novela deles estava entrando nos comerciais para iniciar o capítulo inédito de *Pantanal*. Foi uma disputa ferrenha, mas público e profissionais se beneficiaram com duas emissoras querendo melhorar seus produtos.

Éramos tão poucos como elenco e equipe que nos tornamos uma verdadeira família, e eu ganhei uma amiga importante naquele momento: a Carolina Ferraz. Tínhamos sido irmãs em *Pantanal* e agora ela apresentava um programa de domingo tipo *Fantástico*. Ela morava em São Paulo e vinha uma vez por semana ao Rio gravar. Como eu gostava de ficar com ela no hotel Novo Mundo, virou minha confidente e melhor amiga. Me dava conselhos preciosos e me ajudou em muitos momentos delicados da minha vida. Uma dessas pessoas com as quais a gente sabe que pode contar e que se pode ficar anos sem ver que quando encontramos é como se nunca tivéssemos nos separado, pela força da história que vivemos juntas.

Mas essa pequena equipe ainda viveria experiências inesquecíveis nesse ano de 1990 e no ano seguinte.

Foi então divulgada a notícia de que a Globo faria uma minissérie na ilha de Fernando de Noronha. Na mesma semana, o Jayme pegou o elenco contratado da Manchete que não estava na novela *Pantanal*, nos avisou que gravaríamos uma história sobre sereias, mandou fazer rabos de látex confeccionados no corpo de cada uma das atrizes, pediu para o Marcus Viana uma sinfonia, que ele fez de um dia para o outro, chamou o roteirista Paulo Coutinho e embarcamos todos para Fernando de Noronha. Fomos rápidos e desembarcamos na ilha antes da Globo. Sem nenhuma página de roteiro escrita, apenas nossa criatividade e disponibilidade para nos deixarmos atravessar pelos encantos do lugar. Já na primeira noite, chamei as duas atrizes, Andréia Fetter e Nani Venâncio, que fariam as sereias comigo, e disse:

– Vamos começar nosso "mergulho", literalmente. Vamos a uma praia vazia agora à noite e vamos nadar sem roupa pra nos integrarmos com este lugar.

Que delírio maravilhoso! Foi inesquecível!

Nos primeiros dias, a equipe super-reduzida gravava imagens, e à noite escutávamos a belíssima trilha composta por Marcus Viana. Todos se inspirando e inspirando o autor, que escrevia a história enquanto convivia com seus próprios atores-personagens, e pirando juntos.

Nós, atores, subíamos morros e andávamos por toda a ilha ajudando a carregar o equipamento, felizes da vida. Tínhamos pouquíssima luz artificial, e o Chico Boia, que tinha feito a luz de *Pantanal*, fazia a iluminação direcionando os raios do sol com espelhos. O Chico Boia era um mestre e, junto com o Jayme, trouxe padrões de filtros de cores nunca usados em novela. Lembro-me de ver os dois radicalizando e saindo completamente dos ajustes de temperatura de cor que eram usados na época. Eles vibravam em se permitir ousar e fazer inclusive "noite americana", que era usada apenas em cinema. É quando se faz noite na luz do meio-dia, usando um filtro completamente azul. Hoje em dia, muita gente usa.

Foi no Pantanal que o Jayme sabiamente reconheceu o valor desses profissionais e, em vez de chamá-los de "operadores de luz", como era de praxe, passou a nomeá-los nos créditos "diretores de fotografia", como se faz no cinema. Apesar de não medirem a luz com fotômetro e não revelarem filmes, eram verdadeiros artistas, desenhando a luz e compondo enquadramentos deslumbrantes.

A história ia sendo escrita e nós conseguíamos deixar ela ainda mais louca do que estava no papel. A série se chamava

O canto das sereias, passava às onze horas da noite e fez enorme sucesso! Muitos capítulos estão no YouTube. É mágico, vale a pena olhar.

Além do encantamento presente na ficção, outros tantos aconteciam na realidade, e o Jayme e eu, finalmente, com nossas vidas pessoais resolvidas, nos declaramos um para o outro. Todo o amor resguardado durante quase um ano explodiu e irradiou tanto que voltamos praticamente casados.

Eu tinha a sensação de que minha vida poderia acabar naquele momento, porque já tinha cumprido a minha maior missão. Me sentia completamente realizada tendo encontrado o amor. Era quase uma volta para o lar, uma volta para o útero, um sentimento profundo de que estava no melhor lugar que poderia imaginar para minha vida. Aquele era o ponto para o qual eu tinha caminhado até então. Parei de desejar qualquer outra coisa, como se o amor na relação pessoal fosse tudo. Realmente, não é tudo. O amor, sim, mas a relação pessoal é apenas uma das facetas do amor. Para me sentir plena, preciso vivenciar o amor pelo trabalho, o amor pela família, o amor pelos amigos e o amor-próprio. Voltar para o útero é bom? Acredito que não. Hoje compreendo que nascer ou cortar o cordão umbilical significa crescer, atingir a maioridade, me assumir como adulta e provedora de mim. Foi aí que dei meu primeiro escorregão sério na vida. Estava feliz, ok. Queria e precisava viver aquele momento, mas não tive maturidade para saber que as outras relações da minha vida eram tão importantes quanto o casamento e que a minha carreira precisava de mim. Aliás, ter o casamento como única realização é o primeiro passo para destruí-lo. Minha acomodação não ficou tão clara a princípio. Continuei trabalhando, me dedicando com o maior profissionalismo do mundo, mas por dentro já não sentia o desejo de alcançar outros patamares. E proponho uma reflexão aqui: desejar outros patamares não significa ser ambicioso e insatisfeito. Significa reconhecer, agradecer cada passo dado e continuar atento ao mundo, estimulando a si mesmo para explorar novos caminhos, receber a força da vida e transformá-la em novas realizações, descobrindo novos dons e evoluindo em todos os níveis.

Descobri que o medo do sucesso é uma enorme arrogância, porque estamos nessa vida para exercer o máximo dos nossos dons, irradiando para o coletivo, sendo exemplo e plenos no nosso potencial. Descobri também que a arrogância tem muitos disfarces. Nesse caso, a minha arrogância estava disfarçada de humildade. Eu me sentia humilde e não queria conquistar mais nada na vida, mas a verdade é que estava me acomodando por puro medo do sucesso, medo da felicidade e da responsabilidade de crescer.

Me acompanhe.

De volta ao Rio, começou o período natural de qualquer início de relação, em que só queremos estar juntos e compartilhar até o ar que respiramos. A vida se torna mais colorida e nossos olhos estão sempre cheios de brilho e direcionados para uma única pessoa. Some ao amor o encantamento e a admiração pelo Jayme.

Fomos morar juntos. Direto. Nem fui buscar minhas coisas na casa do Hervé. Marcamos um café da manhã com meu amigo na padaria de que ele mais gostava e contamos que estávamos casados. Pedi que doasse minhas coisas, pois eu já tinha o que precisava. Cabe aqui atentar para esse sinal sutil de falsa humildade. Hoje eu sinto que teve um fio de arrogância em não ir lá buscar minhas coisas e dar um destino para elas. Acho até que ele gostou de distribuir tudo o que deixei, pois me admirava e gostava de dizer que era meu amigo. Mas eu podia ter feito essa arrumação junto com ele, assumindo a mudança em todos os aspectos. Naquele momento, eu tinha tempo para isso, mas provavelmente preferia estar ao lado do Jayme. Tudo bem. Também entendo esse momento lindo da paixão, mas é benéfico ter consciência de todos esses processos.

Serei eternamente grata ao Hervé e estamos em contato. Exceto nos onze anos que passei no Sul e nos perdemos de vista, na semana em que coloquei o nome dele aqui em meus relatos recebi uma mensagem do Hervé pelo Facebook. Hoje em dia, as sincronicidades me influenciam muito. São sinais. Acredito que a sincronicidade perfeita manifestada no universo dos micro-organismos acontece também na nossa vida. Vou tentar explicar. Hoje existe a consciência de que todos os processos biológicos que acontecem no nosso corpo são processos de evolução e de cura. Inclusive o que diagnosticaríamos como doença normalmente é parte de um processo que será concluído e curado por si só, segundo as leis biológicas. Se pudéssemos assistir ao que vem depois, saberíamos que aquele período foi um pedaço do caminho em direção à saúde plena. A capacidade do nosso corpo de passar por todo o processo biológico, inclusive o que chamamos doença, e de se curar sozinho é a mais pura forma de evolução. Nessa visão moderna, o nosso foco deve ser o fortalecimento do corpo, para ter condições de cumprir todas as etapas. Somos muito ignorantes quanto a essas relações da vida dentro do nosso corpo e igualmente o somos nas relações da vida aqui fora. Já sabemos que existe o micro e o macro cosmos e que eles se espelham. Também na nossa evolução como pessoas os momentos de dificuldade que poderiam ser considerados destrutivos, como a doença, são desafios que, se forem encarados e superados, nos levarão à evolução.

Seguindo o raciocínio. Se dentro do meu corpo nada acontece de forma aleatória, se cada encontro e desencontro celular está sendo guiado por um propósito na direção da cura, por que fora de mim os encontros e desencontros seriam aleatórios e sem significado? Eu realmente acredito que o universo é exato como a matemática e tudo obedece a leis regidas por uma inteligência muito maior que a nossa. Essa inteligência não tem nome e opera em vários planos. Nós podemos nos conectar a ela, mas jamais teremos capacidade de entender sua dimensão. Então eu penso que uma das formas de comunicação com essa inteligência é por meio da percepção da sincronicidade. Não existem coincidências. Os acontecimentos que se conectam de forma clara são sinais que podem nos alertar sobre o caminho que escolhemos seguir por livre-arbítrio. Assim como dentro do meu corpo as células se relacionam obedecendo a uma "ordem" maior, cada encontro na vida tem significado e é uma oportunidade única. A diferença é que as células se comunicam e obedecem a essa força, enquanto que nós ainda não temos a capacidade de "ler" essas mensagens em sua completude, atrasando muitos processos que poderiam acontecer de forma harmônica. Se decidirmos ter um olhar mais puro e atento, poderemos captar algum recado e sermos mais conscientes sobre nosso propósito de vida e sobre essa grande teia que rege a existência de todos, em perfeita harmonia e sincronicidade.

Partindo desse entendimento sobre a conexão que permeia tudo o que acontece, também posso compreender a importância dos caminhos que se abrem. Cada porta, cada possibilidade de novas parcerias pode nos levar a lugares inimagináveis. Sofremos muito quando resistimos aos novos caminhos, bloqueando nossa própria evolução, e quando não vivenciamos plenamente todos os nossos dons.

No meu caso, ao invés de ampliar, reduzi. Virei a esposa. Estava apaixonada demais para pensar em outra coisa que não fosse esperar meu grande amor voltar para casa depois do dia de trabalho. Só pensava em estar junto, comer junto, dormir junto, sonhar, sorrir... aquele estado quase patético da paixão. É um momento maravilhoso e realmente merece ser vivido em toda a sua intensidade, mas precisamos estar atentos para continuar exercendo nossa individualidade, para ter estrutura emocional e transformar a relação na hora em que a paixão se esgota.

Portanto, eu vivia em casa e escrevia enquanto esperava. Me sentia bem, estava feliz. O tempo foi passando e eu me tornava a melhor companheira do mundo. Era fácil, apenas cumpria o ritual da esposa apaixonada e recolhida. Sem me arriscar e sem me expor. A novela *Pantanal* estava no ar, e às vezes viajávamos para alguma locação. Então o Jayme precisou ir a uma gravação na Festa do Peão de Barretos. Como vivíamos grudados e a minha função na vida tinha se tornado ser sua companheira, fui junto, claro. Foi uma viagem incrível! Ficamos extasiados com o universo dos peões de rodeio. Como era uma gravação da novela *Pantanal*, existia uma enorme estrutura em torno da gente e podíamos circular à vontade. Visitamos cada caminhão que se transformava em loja de roupa e acessórios para cavaleiros e para cavalos; outros viravam baias e outros, casas ambulantes. Caravanas que percorrem esse Brasil e nós, da cidade grande, nem fazemos ideia. Encontramos Lúcia Verissimo na sua loja de roupas country que também se transformava em caminhão e conversamos com vários peões de rodeio dentro dos bretes, respirando toda a adrenalina das montarias em boi bravo e compartilhando os momentos de pedido de proteção para Nossa Senhora de Aparecida. Meu Deus, que pessoas intensas, corajosas e verdadeiras! Começava ali uma grande paixão pelo povo brasileiro. Depois de um dia inteiro de fortes emoções, nos sentamos no chão de um estande que servia de base de produção, nos olhamos nos olhos, compartilhando a preciosidade daquele dia, e um dos dois falou:

– Já pensou se existisse uma grande peoa de rodeio?

O outro respondeu:

– E um peão que fosse seu grande amor e ao mesmo tempo seu grande adversário?

Nossos olhos brilharam diante dessa ideia. Pegamos um guardanapo e começamos a escrever *A história de Ana Raio e Zé Trovão*.

A gente tinha a foto desse momento. Alguém registrou, e talvez o Jayme ainda tenha. Eu me mudei tantas vezes na vida que esses registros valiosos foram se perdendo pelo caminho.

Começamos a criar a história. Dentro do carro, indo embora, no hotel, no avião, a história ia ganhando forma e nós íamos desenhando os vários personagens. Criamos todo o início de Ana Raio como heroína. O estupro, a gravidez, a morte do pai, a filha roubada pelo estuprador que se tornaria a principal motivação de Ana Raio: encontrar e resgatar sua filha.

Criamos a caravana de Dolores Estrada, patroa e apaixonada por Zé Trovão, e assim fomos concebendo a história inicial. Batizei todos os personagens, e alguns tinham os nomes dos meus irmãos: Flor Violeta, João Riso e Candinha. O nome Ana Raio foi inspirado no nome com que meus pais queriam me registrar: Ingra Raios de Sol. Mas o cartório, na época, não deixou. Devem ter achado esquisito demais aquele nome-frase. Mudei o Ingra para Ana e o Raios de Sol ficou apenas Raio. Apesar dessa referência a minha pessoa, em nenhum momento achei que seria a própria Ana Raio. Claro que eu estaria no projeto e tinham vários outros papéis em que eu me encaixava, mas sinceramente não me via como a protagonista por ser uma atriz iniciante.

Bem, *Pantanal* ainda não tinha sucessora e o Jayme começou a trabalhar sério para vender a ideia da novela rural itinerante. A Manchete estava vivendo um momento de grande popularidade nas capitais e, estrategicamente, seria incrível conquistar o interior do Brasil, investindo numa história que retratasse as diversas regiões e fortalecendo as repetidoras da Manchete nesses locais.

Foi criado o slogan "O Brasil que o Brasil não conhece", que iniciou o processo de pré-produção para fazer esse avião decolar.

O Jayme contratou Marcos Caruso e Rita Buzzar para escreverem a novela e começou a escalar equipe e elenco. Eu seguia assistindo às várias reuniões que aconteciam em nosso quarto de hotel (no momento, estávamos nômades), acompanhando-o em viagens para escolha de locação e dando ideias.

Um dia, estava no hotel fazendo qualquer coisa e recebi uma ligação do Jayme, que estava em sua sala na Manchete.

– Oi, amor! – ele disse. – Está sentada?
Me sentei.
– Acabamos de decidir quem vai ser nossa Ana Raio. Vai ser você!
Fiquei paralisada. Completamente muda. No fundo senti um enorme medo.
– Pode gritar – ele disse rindo.
Alguma coisa dentro de mim se moveu seguindo sua sugestão e eu gritei, entre assustada e surpresa:
– Sério? De verdade? Uhuuuu!
A partir daí, decidi que transformaria o medo e daria conta dessa enorme responsabilidade. Foi uma decisão corajosa, e consegui cumpri-la no que diz respeito ao meu desempenho como profissional e como Ana Raio. Exerci o tempo inteiro um profissionalismo absurdo, buscando ser sempre a mais pontual, nunca dando trabalho à produção, fazendo as cenas mais arriscadas e insalubres sem reclamar e sendo uma colega atenciosa.

Como Ana Raio, tive que correr, literalmente. Não me lembro de quem foi a ideia, mas nessa altura os melhores amigos de Ana Raio e de Zé Trovão eram seus animais de montaria. O cavalo Raio e a égua Trovoada, que também teriam um romance paralelo à história da peoa com o peão. Fomos à fazenda do Beto Carrero pedir um cavalo emprestado. Ele nos recebeu com muita alegria e mandou tirar do pasto um garanhão que estava cobrindo uma dezena de éguas. Um cavalo lusitano chamado Zorro. Lindo, branco e enorme. Olhei o Zorro de baixo, impressionada. Beto mandou encilhar o cavalo e me convidou a montá-lo.

– Agora? – perguntei.

– Sim! Claro! – ele disse.

Subi no animal e estremeci. Era como se tivesse um foguete entre as pernas. Senti uma potência assustadora e morri de medo. Era como se aquele ser pudesse levantar voo a qualquer momento. Mas ao mesmo tempo em que estava aterrorizada, estava também fascinada com a possibilidade de multiplicar minha força e meu poder se conseguisse me harmonizar com ele.

Fui indo devagar... com cuidado... com respeito. A minha imagem montada era impressionante. Parecia que eu tinha nascido para aquilo, só precisava ganhar confiança. O Jayme decidiu que aquele seria meu cavalo, e comecei naquele dia uma amizade que durou um ano: o tempo de gravação da novela. O Zorro foi levado para o Rio e eu o visitava todos os dias. Dava banho, comida, e esse ritual se manteve sempre, nos aproximando de uma forma comovente. Posso dizer que foi esse cavalo que me ensinou a montar. Não tive tempo de ter aulas, fui aprendendo com o Zorro no dia a dia, nas minhas visitas e depois no processo de gravação. Mesmo assim, contrataram uma dublê para as corridas a cavalo e cenas arriscadas. A dublê ficou por perto, assistindo, na primeira semana de gravação, na segunda, terceira, e, no mês seguinte, a dispensaram. Eu fazia todas as cenas e foi assim até o final. Me arrisquei muitas vezes e foi essa entrega que me ajudou a construir essa personagem tão marcante que me surpreende até hoje por sua presença vívida na memória de quem eu encontro diariamente. Durante as gravações, tinha pouco tempo para assistir à novela, mas, nas poucas reprises que teve, acompanhei e me surpreendi com a força da presença de Ana Raio.

Dei conta no trabalho, mas não dei conta na vida pessoal.

Jayme e eu parecíamos uma pessoa só. Um grude. Fazíamos tudo juntos, e, nesse início de novela, eram poucos atores para dividir a atenção dele. Vou entrando aqui num terreno bem perigoso. Aos poucos, um sentimento de possessividade foi germinando bem devagar dentro de mim. À medida que mais e mais pessoas se juntavam à trupe, eu inconscientemente ia deixando o medo de perdê-lo minar minhas ações.

Sabe aquela história em que a fada má profetiza que a bela vai furar o dedo na roca de fiar aos quinze anos e cairá em sono profundo até ser acordada por um príncipe? O pai manda queimar todo tipo de roca existente no seu reino na tentativa de controlar o destino da filha, mas de nada adianta. Sobra uma única e a profecia se realiza.

Essa história é só uma evocação poética, mas muito se assemelha com a vida. Não adianta espernear e fazer de tudo para evitar o destino de alguém próximo. Se é o destino do outro, só ele pode interferir. Eu só posso transformar o meu próprio. O máximo que conseguirei com o destino do outro é atrapalhar e atrasar os acontecimentos, mas com isso vou complicar e atrasar minha vida também. Por mais que eu tente evitar que algo aconteça para o outro, se tiver que acontecer, na mínima distração acontecerá, porque existe algo maior que precisa se materializar independente da minha vontade. Existem desígnios da vida que precisam se manifestar por motivos que não compreendemos na hora, mas podemos escolher qual será nosso comportamento diante do fato. Por isso o ciúme e a inveja não fazem o menor sentido. São tentativas de controle do destino do outro, que já está determinado, precisa e vai se cumprir. Para a evolução de todos. É melhor deixar a vida acontecer na força e na paz e tentar enxergar os benefícios do que a princípio parece negativo, porque com certeza não é. Nosso julgamento do que é bom ou mau é uma ilusão. Tudo é bom e serve à nossa evolução. Existe sempre uma lição por trás dos acontecimentos. Se a gente foge do entendimento, ela permanecerá nos visitando nas situações mais variadas até a gente enxergar. E as lições que não queremos aprender ficam aguardando nosso aprendizado para poderem dar espaço a outras realizações que desejamos. Não é um castigo do universo. Precisamos passar por cada etapa. Se reconhecermos que todas as lições são importantes, deixaremos de julgar se é bom ou mau e aproveitaremos mais o caminho.

A física quântica explica que o átomo que compõe toda matéria aparentemente sólida do universo é constituído basicamente de espaço vazio. Além desse enorme espaço vazio, existe um pequeno núcleo e os elétrons, que são partículas ainda menores. Os elétrons circulam em torno do núcleo, mas não conseguimos precisar sua localização exata. Eles, que são algumas das partículas responsáveis pela estabilidade entre os átomos e consequente formação da matéria, habitam um lugar invisível e indefinido, e só se fazem presente ao serem observados. Então o observador, em sua ação de observar, determina a forma e a localização do elétron, materializando o que era apenas energia. Olha que lindo! A materialização depende da nossa atenção ou observação para se manifestar. Todos os caminhos de expansão e crescimento estão prontos para se realizar. Só esperando que a gente cumpra cada etapa. Então, quanto menos eu me distrair com a vida do outro, tanto mais estarei conectada com o que preciso viver para evoluir em todos os sentidos. Se eu me desapego da minha visão limitada e expando a consciência para compreender melhor a vida, vou sofrer bem menos e terei tempo para enxergar e cumprir meu destino com mais sabedoria, construindo a minha felicidade. É tudo o que preciso fazer, e posso fazer com amor: aceitar o que o outro precisa viver, enxergar o que é meu e me fazer feliz!

Tudo o que é seu encontrará uma maneira de chegar até você.

Chico Xavier

Mudando de pele

Deve ter sido um pouco antes do início da novela que o Jayme elegantemente resolveu ir a Salvador me assumir perante a minha família. Logo aquilo virou um casamento. Todos resolveram fazer uma festa, e algumas pessoas pegaram um avião para estar presente. A Carolina Ferraz, que era minha amiga mais próxima, o Beto Carrero e o Gugu Liberato, que gostava de dizer brincando em seu programa que éramos primos. Lembro vagamente que eu não queria aquele fuzuê todo. Se alguém me perguntasse, eu diria que preferia entrar numa caverna e passar lá duzentos anos com o Jayme sem ninguém por perto. Mas ninguém me perguntou nada e eu não tive coragem de contrariar a vontade de todos. Minha mãe, com todo amor e dedicação, montou um altar no jardim e "encenamos" um casamento. Agora que estou escrevendo sobre isso é que me dou conta de como apaguei esses dias da minha memória. Foi tudo tão surreal que pareceu um transe. Ter o Gugu Liberato e o Beto Carrero ali, na varanda da casa onde eu cresci, era inacreditável demais para minha cabeça. As coisas foram acontecendo a minha revelia. Hoje sinto que não estava preparada para receber tanto afeto. Em vez de abrir os braços e aceitar a admiração e o amor das pessoas, me encolhi internamente como se tudo aquilo pudesse ameaçar meu recém-conquistado reino matrimonial. No lugar de comandar esse evento que dizia respeito a minha vida, permaneci passiva. Rezei para que tudo acabasse logo e eu voltasse para a minha rotina de quarto de hotel, decorando texto enquanto alguma reunião de equipe acontecia ao lado. Queria esse mundinho menor que eu conhecia e tinha a ilusão de poder controlar. Estávamos produzindo algo que entraria na casa de milhões de brasileiros, mas eu fingia não saber disso. Vivíamos gravando no interior, lidando com gente simples e longe dos holofotes. Hoje percebo como me enganei achando que tinha curado a timidez absurda da infância.

Vou falar rapidamente sobre isso. Até meus doze anos, eu era uma pessoa quase incomunicável com quem eu não tinha muita intimidade. Se alguém que não fosse um parente ou amigo da rua me fizesse uma pergunta me olhando nos olhos, eu abria a boca e não conseguia emitir nenhum som. Só não saía correndo porque as pernas travavam. Não estou exagerando. Na verdade meu dia a dia era com os filhos dos caseiros dos sítios vizinhos ao meu e alguns colegas de sala na escola. Mas estava longe de conseguir conversar com todos. Falava com meia dúzia, no máximo. E se tinha algum garoto que eu achava bonito, esse eu não conseguia nem olhar. Quando os garotos mais populares da escola passavam por mim, minhas pernas tremiam. Algumas vezes sofri muito com isso. Nas poucas festinhas a que fui até os doze anos, fiquei com o rosto fervendo de vergonha e colada na cadeira acompanhada da minha irmã Cândida, que era parceira até na timidez. Era aterrador. Um belo dia, com a proximidade do ano-novo, tomei uma decisão:

– Vou me transformar. Vou virar outra pessoa. Vou ser a garota mais popular da escola.

E foi o que fiz. Virei uma chave dentro de mim e comecei a agir como se não tivesse medo de nada. Namorei os garotos que me faziam tremer e, pasmem, deixei todos apaixonados. Depois resolvi ganhar a cidade. Ficava nas festas só até meia-noite, porque meu pai era muito rígido com isso, mas até meia-noite nocauteava muita gente. Leia-se "nocautear" como "impressionar", "encantar", no máximo "beijar". Mas para quem só faltava entrar em convulsão diante de estranhos, essa evolução parecia quase como se eu tivesse renascido.

Sempre achei que isso tinha sido uma cura inquestionável e até acredito que, em boa medida, me curei. Mas a sementinha da vergonha e a vontade de me esconder estavam lá. Atrás da máscara de desinibida.

Felizmente Ana Raio também era tímida e matuta. Quando revejo algumas cenas, percebo uma verdade absurda de quem tem ao mesmo tempo muito medo e muita curiosidade pelo mundo.

Foi decidido que essa novela não teria nenhuma cena em estúdio! Bando de loucos maravilhosos. E assim foi. Uma novela itinerante que completou 365 dias na estrada e foi além.

As cenas iniciais foram feitas em colônias italianas no Rio Grande do Sul. Eram pouquíssimos atores e, entre eles, Flor Violeta, minha irmã mais nova, que fazia Ana Raio jovem. Éramos tão parecidas que, no primeiro capítulo, a passagem de tempo de Ana Raio adolescente para a fase adulta foi feita por meio de fusão da imagem do rosto dela para o meu. Está no YouTube. Impressionante! E ela é nove anos mais nova. Exatamente o que a gente precisava. Como Flor tinha uns quinze anos, minha mãe estava junto. Imaginem vocês, eu estava trabalhando com meu amado marido e acompanhada de mãe, irmã e quem mais quisesse. E, no entanto, a insegurança estava lá, pois tinha que lidar com o fato de não estar recebendo toda a atenção. Hoje olho para isso e percebo a insanidade: o medo era meu maior vilão.

Fora essa primeira fase que era só com Ana, o pai dela e o estuprador que roubava sua filha, a história começou comigo e o resto do elenco em Itatiaia, região de serra no Rio de Janeiro. Meu par romântico era Almir Sater, que tinha feito enorme sucesso no *Pantanal* e estava disponível para nova produção. Eu não tinha empresário. Nem pensava nisso. Ele, sim; era músico e tinha empresário, fundamental para negociar e viabilizar agenda de turnê. Então o Jayme disse para o setor financeiro da Manchete:

– O salário que for fechado para Almir será o mesmo para Ingra.

Justíssimo. Como eu não gastava com nada, lembro que com meu primeiro salário comprei onze mil dólares. Vale lembrar que estávamos em 1991. O Collor tinha vencido as eleições, confiscado poupança e aberto importações alguns meses antes. O investimento mais seguro era comprar dólares. O Jayme achava isso e, para mim, era o que importava. Eu não dava a menor bola para o dinheiro. Peguei aquele maço enrolado e amarrado com borracha e joguei no fundo do armário de roupas no hotel no qual ficamos por alguns meses. Íamos passar um ano na estrada, mas mantivemos o quarto como base para nossos poucos pertences. Quer dizer, eu vinha de uma situação de não ter quase dinheiro nenhum e assim continuei, porque eu não lidava com dinheiro e não pensava nele como aquisição pessoal que precisava ser administrada. Não dei o menor valor. Queria manter minha vida igual. Ter tudo de que precisava sem nenhum dinheiro na mão. Dependência total do marido. Não ter responsabilidades era mais fácil.

Assim como *Pantanal* e *O canto das sereias*, essa novela trazia cenas lindíssimas e cinematográficas. Lembro que meu sonho de fazer cinema, impossibilitado pelo percentual zero de produção naquela década, foi realizado completamente nos trabalhos que fiz na TV. Além de trabalhar sempre em locações reais, usávamos uma única câmera e buscávamos planos e luz de cinema. Geralmente, novela é feita com duas, três e até quatro câmeras dentro de um estúdio que comporta vários cenários ao mesmo tempo. Se você quer gravar no mesmo dia "casa de João" e "casa de Maria", é só apagar a luz do cenário concluído e arrastar as câmeras alguns metros. Mas nós não. Como gravávamos em locações reais, a mudança de cenário significava pegar carros com toda a equipe e às vezes avião. Tinha cena que o ator gravava dentro de uma casa típica italiana no Rio Grande do Sul e, quando abria a porta, saía para uma vista de cânion em Santa Catarina. Quer dizer, um bando de loucos, como eu já disse.

A história de Ana Raio e Zé Trovão era igual às outras produções da Manchete no tratamento cinematográfico, mas era bem diferente em um aspecto: não tinha cenas de nudez. Toda a falta de roupa que vivi em *Pantanal* e *O canto das sereias* foi substituída por calça, bota, camisas de manga comprida e gola fechada até o pescoço. Não podia ser diferente para uma peoa de fazenda e rodeio, mas no geral pouca gente tirava a roupa.

Lembro-me do Jayme pedindo nas reuniões de conceito de figurino que cada personagem deveria ser reconhecido apenas com a mão entrando em cena. Seriam personagens de composição marcada na postura, no jeito de andar e de falar e no figurino.

Foi encomendada à Volvo uma frota de caminhões que seria merchandising. Quer dizer, a Volvo nos "dava" os caminhões e, de vez em quando, aparecia a marca deles. Até nisso parecíamos cinema americano. Merchandising muito bem feito. Então nossos diretores de arte, em vez de criarem cenários dentro de estúdios, abriram as carrocerias dos caminhões e construíram verdadeiras casas para compor a caravana de Dolores Estrada, vilã feminina da história feita lindamente por Tamara Taxman.

Lembro-me de ter ido à fábrica da Volvo e ser recebida por todos os funcionários numa verdadeira ação publicitária em que eu não ganhava nada e nem atentava para isso. Se pedisse um justo pagamento é claro que teria, mas para mim não existia dinheiro. Sempre tinha alguém pagando as minhas contas. Pelo amor de Deus! Como é que uma pessoa de 24 anos, que chegou a morar de favor na casa de amigos, não valorizava esse momento? Só hoje me dou conta disso. Enfim.

O lançamento da novela para todas as agências de propaganda foi feito num teatro em São Paulo, comigo e o Almir entrando a cavalo no palco. Isso já fazia parte do nosso trabalho na pele de Ana Raio e Zé Trovão, mas lembro-me do Almir querendo desistir daquela loucura de subir no palco a cavalo. Desde o início desse projeto ele avisava, com razão, que era violeiro e não podia machucar as mãos com essa maluquice de andar a cavalo. Como eu sempre sou muito animada e doida/destemida, persuadi ele a encarar a empreitada em nome da publicidade que teríamos para a novela. Entramos no palco em cavalos belíssimos e assustados com a multidão que nos assistia. Haja coração e firmeza para sustentar. Num momento como esse fica muito claro como o sucesso pode ser assustador. Como exige coragem e tranquilidade receber tamanha energia em nossa direção. Apesar do medo, sustentei.

Cabe aqui um aprendizado para mim. Essa atitude de assumir meu lugar e encarar o mundo com coragem é a verdadeira humildade. Desejo lembrar sempre desse episódio como o retrato de uma Ingra que se coloca plena e tranquila diante da missão. Seja ela simples ou desafiadora. Consciente da própria energia, permitindo que ela se manifeste e irradie, trocando com todos.

A novela já começou como sucesso. Claro que não foi o fenômeno de *Pantanal*. Fenômenos acontecem de dez em dez anos, mas a quantidade e a qualidade das inovações chamava muito a atenção do público e da mídia. Logo de cara, havia equipes em mais de um estado buscando e mostrando riquezas culturais nunca vistas na TV. Por exemplo, Elomar, na Bahia. Um cantor mítico que um nicho de fãs reverencia e acompanha pelo valor de sua obra como compositor e cantador do sertão, com letras impressionantes e fortes sobre vaqueiros e bois encantados. Pois esse músico consagrado dentro e fora do Brasil tem alguns tabus e não empresta sua imagem para câmera alguma. Assim como os índios, não se deixa fotografar nem filmar, "para não perder a alma". Como ele é muito amigo da minha família, tendo feito uma música belíssima para o longa-metragem de animação *O Boi Aruá*, de meu pai, Chico Liberato, abriu uma exceção e topou gravar cenas para a novela em que estaria usando uma máscara confeccionada por ele. Faria um repentista mascarado que pontuava a história cantando nas ruas da cidade secular de Rio de Contas, no interior da Bahia. Outro caso: Antônio Nóbrega, músico, ator, diretor, palhaço e violinista de Pernambuco. Artista maravilhoso e, na época, desconhecido do grande público. Pura sofisticação da cultura popular.

Durante esse mais de ano na estrada, todos os artistas de qualidade que encontrávamos pelo caminho eram incorporados à nossa história na tentativa de mostrar "o Brasil que o Brasil não conhece".

Quando paro para pensar nessa novela, sou invadida por imagens de Ana Raio em cima de um cavalo em câmera lenta, ou Zé Trovão com sua viola e seu charme irresistível. Cada personagem carregado de força e significado em paisagens deslumbrantes. Foi um marco. Em poucas semanas de novela, a *Veja* me procurou para fazer uma foto de opção de capa: tinham feito com Cristiana Oliveira para *Pantanal*. A nossa capa não saiu, mas fizeram matéria de dez páginas recheadas de muitas fotos minhas e dos meus colegas. Na verdade, a imprensa nos amava. Éramos atores novos orientados para sermos humildes e acessíveis, e assim éramos. Não atrapalhando o plano do dia de gravação, recebíamos toda a imprensa de braços abertos. Em cada revista ou jornal, sempre tinha algum ator da novela falando sobre essa experiência única.

A Manchete e suas produções inusitadas continuavam sua escalada de sucesso. Porém, até mesmo um canal com uma enorme estrutura não estava preparado para faturar tanto. Era uma empresa forte por seus muitos segmentos. Além da TV, eles tinham a editora. Todas as revistas do grupo apoiavam as produções de teledramaturgia e vice-versa. Até aí, tudo bem, é natural. Mas a desorganização administrativa para gerir o faturamento falhou. Como já ficou claro, não sou expert em assuntos financeiros. Repito aqui o que ouvi na "rádio corredor", como chamamos divertidamente as conversas de bastidores. Mas vamos em frente.

Sustentar o protagonismo exige maturidade, e isso nada tem a ver com idade. Tem pessoas que aos vinte anos já têm visão e firmeza de um ancião. Não quero aqui me diminuir, mas, de fato, se meu sistema de valores e humanidade é admirável e fruto da minha observação de preciosos exemplos a minha volta, a tranquilidade para aceitar e sustentar o sucesso andava longe. Isso não era algo óbvio. Aos olhos de todos, a coisa estava normal. Desafios naturais da profissão, mas não era bem assim. O título de protagonista pesava e muito nas minhas costas. Eu tinha todo o amparo necessário, mas também o medo do sucesso, ou medo da responsabilidade.

Felizmente meu carisma e profissionalismo me sustentaram. Havia também o amor me alimentando. Amor na relação pessoal e amor por um Brasil que eu estava descobrindo e me encantava. Os colegas, então, nem se fala. Só gente talentosa e generosa. Como os protagonistas eram inexperientes, o Jayme nos cercou de veteranos. Almir e eu tínhamos a pureza e o brilho dos iniciantes. Era tão lindo de ver que, na primeira cena de beijo que o Jayme dirigiu, ficou claro que dali para frente era melhor outro diretor se incumbir das cenas românticas. O Jayme foi incrível, e justamente por isso não daria certo. Sendo extremamente profissional, ele criou uma cena linda e difícil de realizar, precisando pedir que repetíssemos inúmeras vezes, já que nos beijávamos em cima de um cavalo e cavalgávamos abraçados. Foi constrangedor. Eu não queria causar ciúme, mas tinha que ser profissional. O Almir também tinha que cumprir as ordens do diretor, mas achava aquela situação absurda.

— Ele tá pedindo pra eu beijar a mulher dele de novo! Como assim? — dizia Almir.

Ele é conservador e franco demais para disfarçar e ficar quieto. O resultado disso foi que o Jayme desistiu de fazer esse tipo de cena comigo e essa foi uma das cenas mais românticas de toda a novela. Houve até rumores de romance por causa dessa cena e, no entanto, na hora de filmá-la, estávamos nos sentindo péssimos! Realmente o mundo da fantasia obedece a outras leis. O que imprimimos em cena muitas vezes não tem nada a ver com a realidade interna.

A novela ia seguindo viagem e funcionava assim: enquanto estávamos gravando, o Marcos Caruso e a Rita Buzzar iam para a cidade seguinte, escolhida previamente pelo Jayme, que a selecionava por foto e depois visitava para conferir. Não me pergunte como ele achava tempo para fazer isso. Geralmente era no dia de folga ou no dia em que eu não gravava, pois eu precisava estar colada a ele para respirar.

Então, os autores chegavam à cidade escolhida e pesquisavam os personagens reais para criarem a nova história com o elenco fixo e o que atuaria apenas naquela passagem. Isso era surreal. A quantidade de atores e pessoas locais que participaram dessa novela não está escrito. Ou melhor, está. Até hoje encontro colegas que dizem:

— Eu participei na cidade tal.

E eu nem me lembrava, porque não contracenei com eles. Tempo para ver a novela, nem pensar. Depois da gravação só dava para decorar texto, comer e dormir para madrugar no dia seguinte. Uma delícia para os workaholics de plantão. Ou seja, todos nós. Era muito trabalho. Se eu conciliava a novela com a vida de esposa, o Almir fazia jornada dobrada para atender à demanda de shows. Então ele comprou um aviãozinho monomotor. Quando não tinha aeroporto no local e ele precisava viajar por uma noite, decolava e aterrissava na estrada. Isso mesmo. A polícia rodoviária parava os carros num trecho de alguns metros e o avião, que mais parecia um brinquedo, fazia seus procedimentos.

Às vezes um personagem da história local se incorporava à trupe e ficava conosco em algumas cidades. Foi assim com Evandro Mesquita, que, na época, era casado com Iris Bustamante, com quem tinha uma filha pequena. Ele entrou para fazer o Jacaré, primeira paixão de Flor Violeta, feita por sua esposa. Era tudo em família. A Lu Grimaldi estava com seu filho Gabriel recém-nascido e sendo amamentado. Pense num circo: éramos nós. E algumas vezes atuamos em circos de verdade. Em uma cidade, incorporamos o Bartolo, que era um dos maiores circos do Brasil com seus elefantes, chimpanzés e palhaços. O casal Bartolo era apaixonado por chimpanzés. Tinham uns quatro filhotes no trailer deles que eram tratados como bebês humanos. Mamavam em mamadeiras e usavam roupas. Hoje em dia é proibido o uso de animais em circo. Apesar de eu não ter testemunhado mau trato algum, tenho certeza de que isso acontecia em muitos lugares pelo mundo afora. E a utilização dos animais quase sempre envolvia um jogo de dominação deprimente sobre o bicho.

Mas estou aqui para falar de outra coisa e quero retomar um ponto que deixei lá atrás: o ciúme. Como eu disse, a cada cidade chegava elenco novo, e essa estadia durava um ou dois meses. Então, toda gente nova que chegava me gerava stress pela possibilidade de ter que dividir a atenção e a admiração do Jayme. Sofri muito com isso. Desperdiçava muita energia com essa bobagem. Medo de perdê-lo. Tive tanto ciúme de algumas atrizes que dei ataques colossais diante dele, mas sem ninguém ver. Coitado. Quando eu deixava todo o medo vir à tona, explodia num drama absurdo! Chorava, me descabelava e dizia coisas como "vou me matar". Sim, confesso! A coisa mais ridícula da face da terra. E ele, com certeza mais maduro (dez anos mais velho), me acalmava e talvez lá no fundo até gostasse dessa demonstração de tanta paixão. Nunca vou saber. O fato é que viver com ciúmes, num momento em que eu precisava de foco para protagonizar uma novela e pensar numa carreira que estava começando de forma bombástica, não era nada inteligente. Vivia entre o céu e o inferno. Estar no set atuando me deixa num estado de plenitude e alegria interior tão intenso que o mundo além daquele espaço não existe. Muito prazer e muita realização. Mas, naquela época, como estava sendo guiada por algumas ilusões, por trás desse presente da vida o monstro da insegurança espreitava.

O que é sucesso? O que desejamos de verdade nesta vida? Por que às vezes pensamos e desejamos o sucesso como uma grande realização aplaudida por todos e noticiada nos quatro cantos da Terra? Será que tudo isso não é para simplesmente nos sentirmos amados e termos a certeza de que não ficaremos sozinhos?

Não ficaremos só nunca, e esse é um medo a ser curado. Ou desfazemos essa ilusão ou nos sentiremos solitários. Jamais estaremos sós porque não é possível nos isolarmos completamente uns dos outros. Estamos conectados, mas em outro nível. Estamos conectados na energia, na vibração que irradiamos e recebemos, como uma frequência de rádio. Por exemplo: quando estamos com ciúmes ou inveja e sentimos profundo sofrimento, o outro sente essa vibração e o universo começa a corresponder a essa comunicação densa e dolorosa nos dando cada vez mais motivos para alimentar nossa crença. "Ele" sente a vibração do ciúme e acredita que queremos correspondência nesse lugar, porque no nível das energias não existem palavras. Nos comunicamos pela vibração. Se você não acredita no mundo das energias porque é invisível, digo que qualquer força é. Seja a força que sustenta seu querer fazendo com que você aguente duras provas até alcançar seus objetivos, seja a força elétrica que mantém a lâmpada acesa. Tudo na vida é movido pela força, ou energia. É a mesma coisa.

No "lugar" onde os pensamentos ainda são energias prontas para se materializar, a comunicação é feita pela vibração. Vibração é nosso corpo estendido. A vibração está entre eu e você, entre você e um gato, entre você e qualquer coisa. Faça um teste. Experimente transformar sua vibração e verá a mudança acontecendo a sua volta como por milagre. Hoje eu consigo fazer isso focando nas coisas boas que recebi da vida, sentindo gratidão pelo que tenho. Podemos focar no fato de não ter dinheiro para pagar o plano de saúde ou focar na gratidão pela saúde que temos. Não para se alienar, simplesmente para alimentar a vibração de amor e abundância que irá dialogar com o universo enquanto trabalhamos para ter um novo momento. Se você está "dialogando" pela vibração do medo de se separar, esse campo de energia vai corresponder providenciando motivos para a separação, para você se sentir adequado com seu medo:

– Bem que eu senti que a gente estava prestes a se separar.

E a separação aconteceu, porque o universo respondeu a sua vibração, materializando seu pedido inconsciente. Para o universo, tanto faz se você está vivendo com alguém na mesma casa. Para "Ele", estamos juntos do mesmo jeito. A separação é uma ilusão só nossa. Estamos conectados a cada ser vivo deste planeta.

Ter ciúmes é um desperdício de tempo e energia. Como já disse, nossos medos não são capazes de impedir o fluxo da vida do outro; só o da nossa. Se a pessoa que eu amo se apaixonar por outra, tudo bem. Sinto a dor, deixo ela cumprir seu papel de luto e viro a página, lembrando que em outro nível estamos todos ligados e que o que importa é a minha luz ou a minha sombra diante dos acontecimentos. Se transformo a dor passageira em ressentimento, fico presa, ressentindo eternamente. Melhor me libertar, deixando o outro ir e aproveitando a ausência física dele para escutar meu coração. Ele é a chave para estar íntegra, pois o todo está contido dentro de nós. Somos um espelho, uma célula, uma manifestação desse "corpo" que é a espécie humana.

> *O amor será o remédio mais vital. Você será seu milagre.*
>
> Clarissa Pinkola Estés

Da ficção para a vida

Sou uma pessoa nômade. Até hoje. Para mim, pegar uma estrada ou esperar o embarque no avião é quase a mesma coisa que estar sentada no sofá da minha sala. De verdade. Também vivo com pouco. Nos últimos tempos, então, nem se fala. Reduzi "minhas coisas" a meia dúzia de móveis e três malas de roupa. Incertezas e mudanças demais para ficar carregando uma montanha de pertences como um caramujo. Na época da Ana Raio, era igual. Com a diferença de que eu não tinha nada porque não queria ter.

Essa novela se utilizava de uma linguagem cinematográfica, se movia como um circo e, na hora de rodar, tinha uma estrutura de teatro. Por quê? Vivíamos viajando e passávamos um bom tempo em cidades belas, mas muito pequenas, e geralmente elas não ofereciam suporte suficiente de hotéis. Em muitos lugares, moradores saíam de suas casas para nos hospedar. Às vezes, o próprio prefeito. Nos recebiam de braços abertos e realizavam verdadeiros mutirões de ajuda para tudo o que precisávamos. Então, nada mais justo e natural do que ter esses moradores encenando papéis menores e às vezes até participações de mais destaque. Eram maravilhosos, trazendo para a cena muita verdade e a energia genuína das pessoas do lugar. Tínhamos sempre muita gente no set para participar e assistir às filmagens, e algumas vezes elas formavam plateias que muito lembravam o teatro. Era muito bom ter a população em torno da gente ajudando com tanto amor. Resgatei uma relação que tinha feito parte da minha vida lá na infância, quando ia para o interior da Bahia passar férias enquanto minha mãe, roteirista, e meu pai, artista plástico e cineasta, faziam suas pesquisas sobre cultura popular. Vaqueiros encourados, peões de rodeio, colonos, trabalhadores do campo e das pequenas cidades sempre guiados por fé e ética admiráveis. Para eles, agir corretamente é a coisa mais normal do mundo. E, quando um mau caráter se revela, é repudiado e encorajado a mudar.

Nessa época da novela, vivíamos uma crise moral absurda na política. O confisco da poupança deixou os brasileiros boquiabertos e com uma sensação ruim de que ninguém era confiável, de que poderíamos ser traídos a qualquer momento sem pudor algum. E aí chega *Pantanal* e depois *A história de Ana Raio e Zé Trovão* com heróis absolutamente éticos, humildes e justiceiros. Gente do povo, pobre de posses, mas com coragem para realizar seus sonhos. Além de serem inspiradores, resgatavam uma autoimagem de valor e grandeza do povo brasileiro. Separavam o joio do trigo: o político traiçoeiro do trabalhador honesto e com coragem de herói.

Seguíamos na rotina de aventuras e desafios incríveis. Sempre falo que essa era a equipe de produção mais competente do Brasil. Por um ano, colocar todo dia um capítulo inédito de novela itinerante, realmente, só sendo muito "fora da casinha". A equipe amava o Jayme. Era uma liderança impressionante. Quando a Manchete começou a atrasar os salários, ele dava uma ajuda financeira aos mais necessitados e combinavam juntos o melhor dia para a técnica fazer greve sem atrapalhar nosso cronograma. Lembro-me de um rodeio que antecedia o início de uma greve e durante o qual cumprimos um plano de cem cenas! Isso mesmo! Eram três equipes no mesmo recinto. Bonito de ver o foco de cada ator e cada técnico para realizar o plano insano de rodar cem cenas em um dia. Muita união, lealdade e amor pela novela.

Fomos assim até o fim. Dando força e coragem uns para os outros. Completamos 365 dias de gravação e fomos um pouco além. A novela durou quase isso, mas normalmente se começa a gravar um ou dois meses antes de entrar no ar.

Quando acabou, estávamos exaustos! A vontade que eu tinha era de deitar numa rede e ficar um ano só respirando. Eu não tinha casa e não sabia para onde iríamos. Também não estava muito preocupada com isso. A Manchete começou a dar sinais de falência, mas os projetos tinham que continuar. Ainda teve no horário nobre uma macrossérie com Cláudio Marzo e Carolina Ferraz protagonizando, que se chamava *O fantasma da ópera*. Depois disso, aquele grupo de diretores saiu. A Manchete entrou em sério declínio e as pessoas ficaram sem receber por um bom tempo. Eu pedi para o advogado Sérgio Dantino negociar um acordo para receber meus direitos que, quando saiu, eu nem quis saber quanto era. Mandei tudo para os meus pais na Bahia. Arrogância disfarçada de humildade. Queria me livrar de qualquer responsabilidade de gerir minha vida. Pelo menos hoje eu enxergo isso.

O Jayme pediu os caminhões adaptados da novela como pagamento.

Ainda ficamos uns meses naquele hotel do Rio, e então decidimos ir para São Paulo.

Depois de um ano vendo e convivendo com cavalos diariamente, estávamos apaixonados por eles. Principalmente pelo Zorro, que tinha sido meu fiel companheiro por tanto tempo. Cabe contar que além dele, o mais bonito e viril, eu tinha outros dois cavalos na novela. Esses dois, também brancos, eram mais feios, e os usávamos quando o Zorro estava cansado. Quer dizer, eu não tinha dublê, mas o Zorro tinha. Um dos cavalos coadjuvantes era para cenas em que precisava empinar. Para quem não sabe, empinar costuma ser um defeito. Quando você puxa a rédea dando um "soquinho" de leve na boca do cavalo, em vez de apenas parar ele empina. Um cavalo bom de lida não faz isso, porque ninguém precisa empinar o cavalo no campo. Ao contrário, o cavalo precisa estar bem plantado no chão para a lida com outros animais. A gente fazia empinar só para impressionar. A égua do Almir não era égua, era cavalo, e o que todo mundo pensava que era namoro entre o cavalo Raio e a égua Trovoada, na verdade, era um início de briga feia entre os dois garanhões. A gente gravava e um pouco antes de eles começarem a se machucar, apartávamos. Cometi verdadeiras loucuras em cima de cavalo. Saltei arcos de fogo, usei roupas iluminadas por minilâmpadas que davam choquinhos e fiz dezenas de corridas de competição com o dublê do Almir. Além do meu cavalo, o Almir também tinha dublê. Parece que eu era a única que me divertia correndo risco. O dublê do Almir era igual a ele! Um peão chamado Walter. Só não tinha o cabelo grande atrás, mas a equipe de maquiagem colocava uma peruca e podia fazer até plano americano que ninguém notava que não era Almir. Para touro de rodeio, todos tinham dublê, claro! Aliás, para cada rodeio tínhamos novos, pois alguns se machucavam.

Eu adorava a hora de escolher quem ia dublar a Ana Raio no touro. Tinha que ser um peão muito bom para ficar os oito segundos exigidos para ganhar e (agora vem a piada) tinha que usar peruca com cabelos até a cintura. A gente se divertia muito! Era o melhor, mas ia interpretar uma mulher.

Foi um ano de muito aprendizado entre os peões. Gente simples e corajosa. Os campeões ganhavam carros e motos zero. A novela trouxe muita visibilidade para eles, e pouco tempo depois o peão de rodeio foi profissionalizado legalmente.

Voltando ao Zorro. Eu estava morrendo de saudades e tinha a intenção de comprar ele do Beto. Então rumamos para Santa Catarina para fazer uma proposta. Para nossa surpresa, o Beto não quis vender! Disse que havia emprestado, mas não venderia seu garanhão. Implorei! De nada adiantou. Então, resolvemos procurar um parecido. Era um cavalo lusitano, e a gente não conhecia nada das raças. Descobrimos que havia pouquíssimos lusitanos no Brasil e em geral eram chamados de andaluzes. Começamos a achar estranha essa confusão com os nomes. Então são espanhóis? Como o Jayme morou por dez anos na Espanha, passando dos oito aos dezoito num colégio interno, queria me apresentar a uns amigos e de quebra poderíamos conhecer os tais cavalos andaluzes. Lá fomos nós passear pela Andaluzia. Conheci Madri, conheci algumas criações de cavalos andaluzes e resolvemos descer até Málaga para então atravessar para Portugal e conhecer os cavalos portugueses que também eram andaluzes. A intenção era estudar um pouco, conhecer as diferenças e descobrir como poderíamos ter um daqueles. Estávamos dispostos a trazê-los para o Brasil, já que aqui tinha tão poucos. O que aconteceu foi que, na Espanha, os criadores nos trataram como turistas e compradores que não entendiam nada. Eles estavam certos, mas queríamos entender, fazer amizade com alguém que pudesse nos ensinar. Foi o que encontramos em Portugal. Estávamos numa quinta, com um senhor que sempre recebia os dois únicos brasileiros que iam lá comprar, quando dois criadores pequenos nos reconheceram das novelas, foram com nossa cara e resolveram nos iniciar no mundo dos cavalos lusitanos. Era o Vasco Freire e o Alfredo Batista Coelho. Um criador de codorna e um cientista genético. Para encurtar, esses dois fizeram suas criações bem quietinhos, estudando as linhagens mais puras, sua morfologia e sua genética, e estavam procurando pessoas de confiança e de fora da "panelinha" para ensinarem tudo o que haviam descoberto. Por que trabalharam na surdina? Porque descobriram como escolher um cavalo realmente bom pela observação e pelo estudo dos cavalos de tourada. Esses cavalos e éguas muito bons estavam em criações tradicionais havia várias gerações sem mistura na linhagem. Como eram de "ferros" conhecidos, quer dizer, de criações conhecidas, os proprietários poderiam pedir muito dinheiro se percebessem que aqueles dois criadores estavam levando os melhores animais do pasto. Os próprios donos não conheciam muito bem seus cavalos porque haviam herdado a criação. Eram muitos animais soltos. O dono pediria um valor X se achasse que era um cavalo de média qualidade ou um preço 10X se desconfiasse de que você enxergou um bom animal que ele ainda não tinha visto bem.

Era preciso cavalos de linhagens puras para poder se trabalhar geneticamente. Um cavalo ou égua que você não sabe a procedência, quem foram seus pais e seus avós, vai ser sempre uma surpresa como reprodutor ou reprodutora. A cria pode puxar a um tio ou uma tia com características que você não quer na sua criação.

Em Portugal, existiam duas linhagens puras para se trabalhar. A criação da família Veiga e a criação da família Andrade. Os Veiga selecionavam seus animais pela leveza e agilidade, e os Andrade os selecionavam pela força e temperamento frio. Com o tempo, uma criação que não recebe sangue de fora começa a ficar muito consanguínea e as características de qualidade começam a se intensificar, tornando-se quase um defeito. Por exemplo: os animais muito consanguíneos dos Veiga poderiam se tornar frágeis por excesso de leveza, e um animal Andrade poderia nascer muito pesado e com pouca reação para se safar do perigo. Então o Vasco e o Alfredo sacaram que, se você cruzasse um animal da família Veiga com outro da família Andrade, teria uma enorme explosão de qualidades, com genes novos e sem risco algum de puxar a um parente com pouca aptidão, porque essas criações estavam havia anos selecionando só bons animais. Então íamos para os pastos fingindo que não entendíamos nada e observávamos, pela morfologia e pelas reações, uma égua ou cavalo excelente que estava ali no canto sem ninguém prestar atenção e o comprávamos por preços baixos.

Voltamos para o Brasil depois de algumas semanas de aulas intensas nos pastos portugueses já entendendo bem mais do que a maioria dos criadores brasileiros. Por causa da distância para trazer novos indivíduos, os animais lusitanos no Brasil tinham sido misturados com outras raças, e nós queríamos renovar esse plantel.

Por que estou contando isso? Porque essa foi mais uma paixão no caminho que até podia ter virado uma atividade para minha vida, mas deixei que fosse apenas uma distração. Vamos juntos.

Estávamos determinados a criar cavalos lusitanos puros. Aprendemos a enxergar um cavalo bom funcionalmente e como sermos criadores de cavalos funcionais e belos, que sabem o que estão fazendo. Descobrimos que muitos cavalos que achávamos belíssimos não serviriam para nada diante de um desafio, e o que queríamos produzir eram cavalos aptos para superar desafios com coragem, agilidade e inteligência.

Na época em que fomos à Espanha, percebemos que eles estavam havia anos selecionando cavalos pela beleza: crinas, tamanho e cor de pelo. Eram misses/modelos de beleza, enquanto em Portugal eles selecionavam para lida no campo e touradas. Perceberam a diferença? Um lindo cavalo espanhol, depois de montado e exigido, poderia se tornar horrível por sua inabilidade e falta de força; e um animal português que você não dava nada pela aparência, quando montado, se armava todo e enfrentava o perigo, transformando-se num pégaso. Sempre digo que aprendi muito sobre as pessoas criando cavalos.

Já em São Paulo, decidimos procurar um lugar para criar os cavalos e, numa visita aos nossos amigos Almir Sater e Renato Teixeira na Serra da Cantareira, descobrimos um lindo haras à venda na beira da represa de Mairiporã. Compramos a propriedade.

Começaram as idas a Portugal, pelo menos de dois em dois meses. Seguíamos os estudos sobre a raça e buscávamos animais bons e baratos. Trouxemos dezessete animais em voo da Lufthansa. Quinze éguas (algumas prenhas) e dois garanhões, o Hippus e o Falcão.

Fizemos uma verdadeira revolução. Frequentávamos os eventos de todas as raças e começamos a doutrinar as pessoas sobre o cavalo lusitano. A primeira coisa a fazer foi corrigir o nome andaluz, muito usado no Brasil para designar os animais lusitanos. Andaluz não existe como raça registrada. Ou é lusitano ou é puro sangue espanhol, e no Brasil todos eram portugueses. Então começamos a escrever matérias para as revistas especializadas e, de cara, uma capa comigo e um cavalo lusitano chamado assim corretamente pela primeira vez. Logo muita gente começou a se interessar pela raça e, entre esses novos criadores, nossos novos melhores amigos Zé Victor Oliva e Hortência. O Zé tinha feito alguns belos eventos com o Jayme, e nos apaixonamos pelo casal. Fizemos com eles todo o roteiro que havíamos feito em nosso aprendizado em terras portuguesas, e aqui no Brasil nos encontrávamos o tempo todo.

Como disse, parei de atuar. Minha vida era acordar cedo para ir às baias ver os animais, cuidar deles e montar dia e noite. Viagens, fazendas, cavalos, cavalos e cavalos. Os criadores me respeitavam muito como criadora, e tive provas disso. Uma vez fui convidada para ir à Expointer, feira agropecuária em Esteio, no Rio Grande do Sul, para julgar um prova feminina equivalente ao Freio de Ouro, o prêmio mais importante da raça crioula, que é a raça típica gaúcha. Premiação seríssima e disputada. O Oscar da raça. Em outro momento, criadores portugueses leram um poema meu, que definia o temperamento e a capacidade física do cavalo lusitano. Quase não acreditavam que eu o tinha escrito, perguntando ao Jayme mil vezes para terem certeza. Foi publicado na primeira página do livro que documentava a Exposição de Lisboa, com foto minha montando o consagrado cavalo de touradas Neptuno. Quer dizer, em ambiente dominantemente masculino, uma atriz de 26 anos era reverenciada como conhecedora de montaria e da raça lusitana. Hoje eu enxergo como isso foi impressionante.

O Jayme dirigia comerciais, e eu era a esposa e criadora.

Nesse primeiro ano depois da novela, um produtor de teatro me chamou para fazer uma peça em que aproveitaria bem minha imagem como Ana Raio. Recusei com a desculpa de estar cansada. Na verdade, estava com medo. Encarar o teatro paulista depois de tanta exposição me atraía bem menos do que ficar em casa olhando e curtindo meus cavalos. Mesmo assim, alguns jornalistas insistiam em me manter em evidência. A revista *Elle* fez matéria e capa lindíssima no haras, e a revista *Caras*, que estava chegando ao Brasil, me chamou para participar da edição de lançamento. Eu, Pelé e uns poucos estampamos essa *Caras* número zero. Foram muitas páginas de fotos deslumbrantes no haras, cercada por cavalos.

Nada contra uma pausa, muito pelo contrário. Sei que cresci e amadureci muito como atriz nos quatro anos em que parei tudo para me dedicar à criação de cavalos. Amadurecer como pessoa contribui e muito para as expressões artísticas, sejam elas quais forem. Se você tem mais vivência, naturalmente terá um maior repertório de experiências e percepções sobre si e o mundo. Mas hoje enxergo que a vida é cíclica, se manifesta em ondas. E a grande sabedoria é aproveitar e surfar cada onda em todas as suas possibilidades, porque tem o momento em que essa onda se eleva e você pode surfar na crista, e o momento em que ela te traz para baixo. Se você souber aproveitar a força e permanecer no alto, estará tranquilo para descer e deslizar no raso enquanto espera a próxima subida. Eu ainda tinha muito o que surfar na crista da onda, mas me faltou a coragem para ter tudo. A família, o amor e o sucesso. Eu me idealizei tanto que em algum lugar dentro de mim achava que não merecia tudo de uma vez.

O tempo foi passando e a Carolina, que vivia dizendo "Ingra, nosso trabalho é tudo o que temos nessa vida", me alertou que a Bia Lessa estava fazendo testes para uma nova peça. Resolvi falar com a Bia, provavelmente para no futuro não me sentir tão mal comigo. A Bia me recebeu superbem e me aprovou para esse projeto, que seria financiado pelo SESC. Cheguei a levar carteira de trabalho, que foi assinada, e, na véspera de começar os ensaios, o medo veio com tudo e mais uma vez eu inventei uma desculpa para não participar. Sinceramente eu nem me lembro qual foi a desculpa do momento. É claro que o medo não foi consciente e que eu não disse mentira alguma para a Bia. "Inventar desculpa" quer dizer: pegar qualquer motivo bobo de necessidade de viagem ou outra coisa assim para explicar que não vou ter tempo. Claro que a Bia Lessa ficou muito chateada e eu, em vez de enxergar que ela tinha razão, fiquei mais chateada ainda. "Ela não me conhece! Sou a pessoa mais profissional do mundo!" Bem, nem vou dizer mais nada. Só sei que essa peça poderia ter sido uma ótima entrada nos palcos paulistas, mas em vez disso fui me escondendo cada vez mais no meu casulo.

Como a última cidade em que a trupe da novela passou foi Jaguariúna, os caminhões que o Jayme recebeu como pagamento da Manchete estavam lá e íamos de vez em quando ver se estavam bem e visitar os haras de amigos. Numa dessas idas, soubemos que havia uma pequena fazenda à venda. Fomos olhar e nos apaixonamos.

Devo dizer que os dois primeiros anos na Serra da Cantareira, depois da novela, foram bem difíceis financeiramente. Todo o dinheiro que ganhamos foi usado para comprar o haras e os cavalos e, até começarmos a vender nossos animais, aquilo não estava sendo autossustentável. O Jayme dirigia comerciais, mas não era suficiente. Tínhamos uma vida aparentemente de ricos, mas às vezes não tínhamos dinheiro para botar gasolina no carro. Nossas contas viviam no negativo, e nossa criação precisava ser realmente boa para reverter essa situação. Graças a Deus, foi. Sabíamos exatamente o que nasceria de cada cruza e nossas previsões, baseadas em genética, foram todas comprovadas. Então, quando vimos a tal fazendinha em Jaguariúna, já estávamos em condições de, vendendo o haras e alguns animais, comprar essa propriedade, que era mais adequada para a criação. O caso é que eu ia ficando cada vez mais longe de São Paulo. Jaguariúna ficava a duas horas de Sampa!

Realmente, eu tinha uma vida que me alimentava a alma. Contato com a natureza e com os animais. Cresci em sítio e tenho uma profunda conexão com a floresta. Nas poucas vezes em que fiquei muito tempo sem esse contato, adoeci emocionalmente. Mas mesmo com esse prazer intenso no ambiente do campo sinto uma inquietude e necessidade de me expressar para o mundo que não me deixa virar ermitã. Amo estar em ambientes completamente calmos e silenciosos, mas um furacão de vez em quando me faz sentir viva! Me estimula a crescer e melhorar, me desafiando e expandindo minha capacidade.

Definitivamente, eu não estava feliz. E como podia estar, sendo uma jovem atriz cheia de possibilidades e com medo de encarar todas elas? Lembro de uma viagem à Espanha em que todos os lugares incríveis que visitávamos me pareciam monótonos e enfadonhos. Nunca vou me esquecer como achava todos os encontros chatos e me sentia completamente ausente, pois estava infeliz na minha própria pele. Sinto pena de mim quando lembro dessa viagem. O quanto eu desperdicei de energia pela rebeldia que deixei me dominar. Rebeldia e falta de humildade para receber com gratidão uma vida que se apresentava trazendo inúmeras possibilidades para me fazer feliz. Que desperdício não aproveitar cada segundo de conversas interessantíssimas com pessoas que eu estava vendo pela primeira vez; não olhar com vontade e me emocionar diante dos castelos e monumentos e, em vez disso, me isolar na minha "solitária". Que desperdício não ter sido feliz com tudo o que tinha naquele momento. É triste ter 26 anos e enxergar o mundo em preto e branco. Não aceitar de braços abertos o que a vida nos oferta, seja um copo d'água ou uma oportunidade de ouro. A atitude interna é a mesma e está presente, ou não, quando recebemos qualquer coisa. Mesmo quem tem uma vida modesta tem paisagens humanas e naturais para se deslumbrar ou o próprio amor para vivenciar e expandir. E eu não enxergava a abundância em minha vida. Claro que essa infelicidade e o desperdício de momentos únicos tinham um propósito no meu amadurecimento, mas olhar para essa fase e perceber como hoje desfruto da vida me traz consciência e gratidão.

Já havia um tempo que nossos amigos se manifestavam achando um absurdo eu não estar trabalhando como atriz. Eram todos fãs do meu trabalho e me comparavam a atrizes incomparáveis, como Fernanda Montenegro. Deviam estar percebendo que minha insegurança era tanta que eu precisava de elogios desproporcionais para me convencer de que era minimamente capaz. Foi então que o Zé Victor Oliva e o Eduardo Fischer (publicitário que também havia se tornado criador de lusitanos) contrataram o Jayme para dirigir um grande evento para a BMW e disseram:

– Mas queremos a Ingra atuando.

Não tinha como eu fugir dessa, e os preparativos começaram. O Jayme contratou um grupo de teatro para fazer uma grande performance, e eu estaria nela. Começou dentro de mim uma grande batalha para vencer o medo e me firmar na confiança de que eu faria meu melhor. Essa seria minha grande chance e me agarrei a ela com unhas e dentes. Não tive muitos ensaios, e na verdade o grande trabalho a ser feito era acreditar em mim mesma. Minha participação consistia em entrar suspensa por um balanço que deslizava no teto para o centro do salão e então, vestida com asas, eu declamaria um poema. Foi impressionante. Eu podia sentir que jorrava luz de dentro de mim enquanto falava. Digo com humildade, porque qualquer um é capaz de fazer isso. Basta acreditar na força de sua energia e deixar que ela se manifeste, irradiando em suas palavras e gestos. É o que eu chamo de carisma.

Depois desse evento, foi como se tivesse aberto a caixa de Pandora. A fazenda, com seus encantos, deixou de ser suficiente. Aliás, nunca foi. O que me prendia ali era o medo, que naquela experiência eu consegui superar. Então começou um grande desejo de novos trabalhos e novos desafios. Comecei a pensar nisso diariamente, e às vezes comentava com o Jayme. Algum tempo depois o chamaram para dirigir uma novela para a Bandeirantes e ele me convidou para participar. Eu não quis. Achava que deveria trabalhar com outros diretores, que trabalhar só com o Jayme me limitaria como atriz. Bem, hoje acho isso bem relativo. Claro que trabalhar com pessoas diferentes é extremamente benéfico, mas isso não garante a evolução como atriz. Atuar é um mergulho individual que se manifesta coletivamente. Se o projeto muda, as pessoas mudam e muda tudo. Se meu momento é outro, encontrarei novos desafios dentro de mim mesma. Mas, na minha imaturidade e rebeldia, eu achava que me limitaria e resolvi ir à luta de trabalhos com outros diretores.

Soube que estavam selecionando para o remake de um grande sucesso do cinema brasileiro, *O cangaceiro*, lançado pela primeira vez em 1953 por Lima Barreto e premiado em Cannes. O Aníbal Massaini estava produzindo e já tinha um casal escalado: Paulo Gorgulho e Luíza Tomé. Então o Aníbal contratou a preparadora de elenco Fátima Toledo e ela aceitou na condição de poder escolher o segundo casal. Marcamos um dia e lá fui eu fazer o teste. Eu não conhecia a Fátima, aliás, pouca gente fora de São Paulo conhecia. Só sei que o que ela fez comigo foi impressionante. O papel era de uma professora que seria sequestrada pelos cangaceiros logo no início do filme e, aos poucos, se apaixonaria por um deles. Em boa parte do filme, eu estaria apavorada com a possibilidade de morrer a qualquer momento. O que a Fátima fez foi basicamente colocar uma venda nos meus olhos. Imediatamente minha atenção se voltou para dentro de mim, num mergulho assustador. Ela me dizia coisas que me provocavam uma sensação absurda de impotência e medo. Comecei a chorar convulsivamente e sem nenhum esforço. Sei bem o que dizem da Fátima, e em muitos casos as pessoas podem ter razão, principalmente quando se trata desse tipo de mergulho com quem não é ator.

Para mim, foi maravilhoso. Acabou, tirei a venda, enxuguei as lágrimas e era isso. Apenas uma ferramenta para acessar camadas mais profundas.

No dia seguinte, me ligaram para informar que eu tinha sido escolhida. Fiquei nas nuvens. Seria "quase" meu primeiro longa-metragem. Quase porque eu havia feito uma pontinha num filme de Walter Salles antes de ir para a TV. Foi no filme *A grande arte* e, apesar de apenas ter aparecido morta e nua numa única cena, fiquei alguns dias convivendo com a equipe e tive uma incrível sintonia com o Waltinho. Ele, na sua generosidade, adorou quando sugeri marcas de mãos ensanguentadas no meu corpo, para alimentar a imaginação do espectador, e me deixou "morrer" chupando o dedo, em alusão ao hábito infantil da minha personagem, que foi morta enquanto dormia. Nem me lembro se apareço no filme, mas a experiência me marcou como a primeira vez num set de filmagem. Amei!

Então, *O cangaceiro* seria a segunda vez num filme. O filme não foi bem, mas me abriu muitas portas quando foi lançado e me aproximou de Alfredo Bertini, que articulou e viabilizou a filmagem em Pernambuco. Guarde este nome.

Voltando do Nordeste depois de filmar, decidi ir na Globo conversar com Paulo Ubiratan e dizer que eu queria trabalhar. Fui recebida de portas abertas. Paulo me ouviu surpreso e chamou na sala dele o Carlos Manga, que estava começando a montar elenco para uma minissérie. Manga entrou, se sentou, e eu disse sem rodeios:

– Quero trabalhar com você.

Ele fez a cara mais surpresa do mundo:

– Você quer trabalhar com outro diretor sem ser o Jayme? Eu podia jurar que você só queria trabalhar com ele!

Então respondi que era justamente essa a ideia que eu queria desfazer e que queria muito trabalhar com outras pessoas.

O Manga sorriu e me disse:

– Tenho uma personagem perfeita para você.

A minissérie se chamava *Decadência*, escrita por Dias Gomes. A personagem era Rafaela, e a grande referência era Rita Hayworth em *Gilda*. Uma mulher rica e sedutora que acabava se matando com remédios antidepressivos. Cortaram meu cabelo e me transformaram completamente. Até meu figurino era baseado em *Gilda*.

Fui com tudo e cumpri lindamente. Um dia liguei para o Manga, que era mais o diretor geral, pedindo que ele me dirigisse. Implorei, e ele, muito lisonjeado, atendeu ao meu pedido. Era meu último dia de gravação e fizemos cenas fortíssimas de depressão e brigas com meu "marido" Raul Gazolla, até culminar no suicídio. Como na cena antes de me matar eu estava no banho, o Manga tinha me ligado no dia anterior para perguntar se eu toparia fazer nua. Com todos os cuidados, é claro. Eu fiquei impressionada com a gentileza dele: o Carlos Manga me ligando para me consultar se eu aceitava fazer a cena sem roupa foi de uma elegância incrível. Só pela consideração, já aceitei na hora. Então ele criou uma coreografia minha com a câmera em que eu passeava nua pelo quarto e sempre tinha um objeto escondendo o que não podia ser mostrado. Arrasamos juntos, como num lindo *pas de deux*.

Essa cena deu o que falar! Rendeu até matéria no *Fantástico*, porque não tenho celulite e essa era a grande preocupação das mulheres naquele momento. Isso me irritou um pouco. Elogios ao meu trabalho em jornais e eu fazendo matéria com enorme audiência sobre o meu corpo.

Eu morria na metade da minissérie, mas a imprensa noticiou tanto o meu trabalho que parecia que eu ainda estava no ar.

Nesse momento eu tinha tudo. Era casada com o homem que eu amava, tinha a criação de cavalos que me dava tanto prazer e estava fazendo sucesso com um trabalho no qual fui dirigida por outros diretores, como eu queria. Mas o que foi que aconteceu? Eu segui nesse caminho tranquila e grata ao universo? Não. Comecei a inventar defeitos na minha relação. Apesar de esse livro ter seu foco no meu sucesso profissional, preciso citar a relação pessoal porque realmente acho que isso faz parte do contexto de alguém que quer dar certo na vida.

Hoje percebo que naquele momento comecei a sentir um grande medo de ser abandonada. Havia um baile de ilusões dançando dentro de mim. Comecei a achar que o fato de o Jayme ter ido dirigir outras atrizes e eu ter ido trabalhar com outros diretores tinha nos afastado não só fisicamente, mas também no coração. Quanta imaturidade. O que determina o afastamento emocional entre duas pessoas é elas permitirem que isso aconteça. Simples assim. Se eu estava sentindo que a "plantinha" da nossa relação andava murcha, cabia a mim mesma regá-la e cuidar para que recuperasse a força e a beleza que eu almejava. Aquela situação profissional que estávamos vivendo deveria ter sido motivo de alegria e força para eu seguir em frente. Afinal não foi isso que eu pedi aos céus e trabalhei para conseguir? Mas em vez de arregaçar as mangas e me apropriar da situação com coragem, recuei e desisti de algo conquistado e construído com muito amor. Para não ser abandonada, abri mão. Não foi a única vez que fiz isso. Foram algumas, e hoje digo a vocês: numa relação iniciada com amor, sempre vale a pena permanecer, sempre vale a pena transformar e resolver o problema quando ele se apresenta. Porque o problema nunca é o outro. A semente da questão a ser resolvida está dentro de nós. O outro é apenas um espelho para a gente se enxergar. O outro está nos ajudando, nos mostrando; e, se a gente foge, abandonando a questão, ela vai aparecer na próxima relação. Pode ter certeza absoluta disso. Então é melhor não desperdiçar o precioso tempo. Se você ama seu parceiro e ele merece seu amor, você pode investir na relação que já tem, transformando você mesmo. É para isso que servem as relações, para nos transformar, e não o contrário, como a maioria de nós pensa. Talvez por isso lá no fundo tenhamos tanto medo de ficar sós. De alguma forma intuímos que estamos aqui para nos relacionar e precisamos cumprir essa missão. Por que "nos jogariam" num mundo cheio de gente se não fosse para nos confrontar com nós mesmos através dos outros? Mas em vez de nos entregarmos às relações de coração aberto para enxergar nossas limitações e evoluir, ficamos nos distraindo com milhares de desculpas esfarrapadas para cair fora. Vemos mil defeitos no outro na ignorância de que o outro é simplesmente nosso espelho. Isso se estende a todas as relações. Inclusive a nossa família. Aliás, a família de sangue parece ser a grande prova, talvez a mais difícil e importante. Como estaremos ligados até o fim da vida, é preciso ser muito medroso e arrogante para fugir eternamente e não desatar os nós. Parece que a "inteligência" da vida é otimista em relação à nossa evolução, providenciando um caminho natural e acreditando que cumpriremos cada etapa dele. Primeiro, a lição com a nossa família de origem, a base da escola, ensinamentos mais urgentes e desafiadores para cada um. Depois a evolução vai se completando nas diversas relações que surgem à medida que resolvemos a conta que nos foi dada a resolver. Se você não resolve a conta corretamente, ela cai de novo na próxima prova. É por amor, é para a gente aprender. Mas a decisão de evoluir é nossa, invariavelmente. Se continuamos a agir de forma infantil, o sofrimento continua, e é um sinal de que algo em nós precisa ser transformado.

Na nossa fazenda paradisíaca, rodeados dos nossos amados cavalos, conversamos e choramos por nove dias e decidimos pela separação.

Depressão disfarçada

Fiz duas malas e voltei para o Rio. Tinha a ilusão de que estava sendo muito corajosa. Em verdade vos digo que, nesse caso, teria sido corajoso mesmo ficar. Encarar as questões e resolvê-las. Mas nesta vida não existe atalho. Temos que dar cada passo com nossas próprias pernas e aprender cada lição. Quem prestar mais atenção à própria caminhada e ao exemplo do outro pode evitar muitas voltas desnecessárias.

Peguei minha bendita cara de pau e fui lá de novo pedir trabalho ao Paulo Ubiratan. Ele ia começar a montar elenco para uma novela do Aguinaldo Silva, *A indomada*, e decidiu que eu estaria nela. Nunca entendi bem por que ele resolveu me escalar para uma personagem que falava em castelhano. Se chamava Paraguaia. Um núcleo maravilhoso: um bordel comandado por Renata Sorrah, uma das pessoas mais luminosas que conheci na vida! O fato era que a novela inteira precisava fazer sotaque baiano e eu, que era baiana de verdade, precisava encarnar o castelhano. A Paraguaia era falsificada, e no meio da novela todos iam ficar sabendo, mas antes de isso acontecer houve muito comentário sobre o sotaque castelhano e baiano ao mesmo tempo e, quando a Paraguaia finalmente foi denunciada na história como falsa, a surpresa gerou nova polêmica. Os que achavam que, nesse caso, estava perfeito o sotaque, e os outros, que não entenderam bem e por isso saíram falando mal do meu trabalho. Vou abrir o jogo agora. Críticas negativas fazem parte dessa estrada. Qualquer ator consagrado já passou por isso, e comigo não foi diferente. E é nas críticas negativas e na forma como vamos superá-las que mora o crescimento como pessoa e como artista. Nessas horas, melhor encarar, enxergar onde foi o erro, aprender e, se possível, reagir rápido. Consertar mesmo. Mas é preciso querer dar certo. Nessa novela, por exemplo, já nos primeiros desafios como atriz senti a energia recuar e não me entregava para brilhar cem por cento. O pior é que acreditei na ilusão de que estava sendo humilde por me encolher num lugar menor do que me foi oferecido. Me retraía diante do enorme espaço que podia ocupar. Na verdade, quando sustentamos o lugar de destaque que nos foi presenteado é que exercemos a verdadeira humildade. Pois é uma tarefa que exige coragem e doação que se transforma em exemplo.

Algumas vezes na vida, olhei para o lado e ao ver pessoas que não estavam tendo a mesma oportunidade que eu, tentava me igualar a elas no lugar mais raso em que elas estavam, achando que isso as ajudaria. Ledo engano. Como cada um de nós é que tem a possibilidade da construção da própria vida, a única chance de ajudar alguém é fazendo nosso melhor e brilhando ao máximo. Irradiando amor e capacidade em cada gesto. Permitir a manifestação da nossa luz é a melhor ajuda para aqueles que estão na sombra. É só lembrar dos nossos momentos difíceis. Uma das coisas que nos ajudam é o exemplo luminoso de quem já passou por isso e se ergueu. Por meio da vitória do outro podemos enxergar nossas próprias possibilidades de superação.

Lembro nitidamente que percebi sinais de que aquela escalação podia não dar certo, mas me calei. Errado. Depois fui sentindo a comprovação do erro e, em vez de me fortalecer e dar a volta por cima, permaneci passiva, economizei minha luz e contribuí para o equívoco! Como se o fracasso fosse inevitável. Não é, nunca é. Novela é uma obra aberta e se transforma todos os dias. Inúmeras vezes vi atores iniciarem um trabalho mandando muito mal e perceberem a tempo de reverter a situação, surpreendendo a todos. Pegando o fracasso pelo rabo, jogando o bicho no chão e levantando rápido para receber os aplausos! Nessa novela mesmo aconteceu exatamente isso com outro ator, e ele venceu o desafio. Vou contar uma coisa sobre o desafio. É o seguinte: o desafio é sempre uma tarefa muito difícil para você. Algo cuja realização mexe com muitos medos. É um castigo? Não. É justamente o contrário: uma incrível oportunidade para acabar com seu ponto fraco. É um monstro que, quando aparece, dá vontade de sair correndo. Mas, se você fica e o encara, ele vira um bichinho manso. Esse monstro quer que você apenas olhe para ele e o enfrente. Esse é o papel do desafio: te mostrar teu medo e revelar tua força. Se você foge, será sempre um fraco. Se você encara o monstro, que no fundo é apenas seu próprio medo, se fortalece e passa para o próximo nível do game.

Eu tenho notado que a vida é como um game. Quase nunca brinco com jogos, mas já experimentei com meu filho. Precisamos percorrer um caminho com vários desafios e, toda vez que caímos na armadilha, "morremos" e voltamos para o início do mesmo caminho com os mesmo desafios, para ver se aprendemos. A vida é exatamente igual! Preste atenção. Como no jogo, temos que vencer os desafios, que já conhecemos porque já passamos por ali, e assim ficamos mais fortes para passar para o próximo nível. No nível mais alto, serão novos desafios e estaremos mais preparados. O problema é que, na vida, não prestamos atenção e não enxergamos quando um desafio que já nos derrubou lá atrás aparece de novo. Repetimos o mesmo erro. Cometemos inúmeras vezes a mesma rebeldia com um amigo; escolhemos o mesmo tipo de parceiro possessivo ou recuamos diante de um medo que já conhecemos. Ficamos repetindo o mesmo nível do jogo, com uma vida estagnada e nos sentindo injustiçados pelas pessoas ou pelo destino. Bem, para mim está bem claro que o mesmo medo do sucesso que me abateu na época de *Ana Raio* me derrubou dessa vez. Na época de *Ana Raio*, o sucesso foi tanto que eu inventei ciúmes para estragar um pouco minha vida tão perfeita, e agora que não tinha uma relação para culpar decidi (inconscientemente, claro) fazer bem menos do que podia ter feito. Um puta papel numa novela das oito e eu o desperdiço sendo displicente com a minha vida.

Expondo tudo isso, parei para respirar. Difícil como um parto. Mas vamos em frente. Escrever este livro está sendo uma enorme cura. Estou descobrindo feridas mal cicatrizadas, e só de ter coragem de olhar para elas já começam a ser curadas. Me expor para você está ajudando a encarar fantasmas, abrindo todas as janelas e deixando entrar a luz. De alguma forma, sinto que, assumindo meus pontos fracos, me conecto com a necessidade de evolução, e esse propósito, por si só, já me fortalece. Desejo de todo o coração que minha experiência possa motivar você a ser mais atento com sua voz interior. Desejo que você leve menos tempo para acordar. Não encarar nossos medos é mais fácil, mas e daí? Vamos ficar no mesmo lugar a vida toda, sem evoluir um passo? Sem passar para o próximo nível do jogo e enfrentar novos desafios? Não adianta fugir. O medo estará lá, nos assombrando, e, por mais que a gente consiga se enganar de que está evoluindo por causa de realizações externas, saberemos que existe um quarto escuro e trancado por causa do nosso medo de simplesmente abrir a porta para deixar entrar a luz.

Saí dessa experiência meio despedaçada e fraca. Claro. O monstro estava lá, vitorioso diante do meu medo cada vez mais forte. Entrei num período de depressão disfarçada. Só hoje me dou conta disso. Nunca fiz análise por achar perigoso confiar um caminho tão delicado como o autoconhecimento a alguém que talvez não tivesse a sabedoria necessária. Uma terapeuta realmente competente poderia ter me ajudado a enxergar certas coisas. Mas não encontrei essa pessoa e fui quebrando a cara sozinha. Tá valendo. Graças a Deus, eu descanso carregando pedra. Preciso agradecer todos os dias essa minha energia para viver. Por isso é difícil alguém desconfiar de que estou mal. Nem eu notava. Nessa época, ficava em casa até as três da manhã vendo filmes e escrevendo. Via uns quatro, cinco filmes por dia, assistia a milhões de entrevistas e documentários e devorava livros sobre interpretação e física quântica. Esse quadro seria admirável se não fosse o fato de que eu não conseguia conviver com ninguém. Não tinha vida social. Morava no Leblon pagando um aluguel caríssimo com o salário da Globo, corria na praia de manhã e estudava o resto do dia. Eu achava que precisava me preparar mais. Sempre é bom, mas hoje sei que precisava mesmo era enfrentar meus medos e encarar a vida.

Também gostava de ir ao cinema e a palestras nos centros culturais, quase todo dia. Foi assim que conheci João Moreira Salles. Estava perambulando sozinha na Fundição Progresso e entrei numa sala onde acontecia uma palestra do João. Assisti, extasiada com tamanho conhecimento sobre a história da arte. Graças à minha depressão inconsciente, eu estava mergulhada em estudos e senti vontade de aprender mais com ele.

No dia seguinte, descobri o telefone da Video Filmes na lista telefônica (que existia antigamente) e mandei um fax. Talvez você não saiba o que é isso. Era uma máquina, não sei se ainda existe, acoplada ao telefone fixo em que você colocava um papel escrito, ligava para o local de destino e o destinatário recebia um papel impresso com o que você escreveu. Tipo uma xerox enviada pelo telefone. Não sei explicar. Nessa época só existia telefone fixo e não existia internet. Sim, sou velha.

No fax eu falava diretamente com João, dizendo que tinha amado a palestra e que gostaria de assistir a outras. E perguntava quando seria a próxima. Para minha surpresa, ele me ligou na hora que recebeu. Disse que aquela tinha sido a primeira palestra que ele fez, por insistência de amigos, que estava feliz por eu ter gostado e que, se eu juntasse um grupo de pessoas interessadas e ajudasse a organizar, ele poderia participar de um ou dois encontros por mês. Pirei. No mesmo dia fui na Fundição falar com o Beto, que administrava o espaço. Falei da disposição do João e o Beto topou ser parceiro, disponibilizando uma sala. Falei com as pessoas do meu convívio, que não eram muitas, e juntamos uma turma de umas dez pessoas. Pedi que chamassem mais gente, mas o João nessa época não era conhecido e o grupo ficou pequeno e muito seleto. Sorte nossa. Eu ia na Video Filmes ajudar a fotografar as imagens que ele utilizaria nas aulas e, dentre os "alunos" que não faltavam, tinha a diretora Nadia Bambirra e o diretor de fotografia Walter Carvalho. Uma vez por mês nos encontrávamos e o João, com sua bagagem incrível, falava até duas horas sobre pintores de todas as épocas. Ele nos mostrava cada expressão dos personagens como modelos de atuação e revelava significados na composição das pinturas. Também fazia reflexões sobre filmes de ficção e documentários, revelando suas características como linguagem, a linha tênue entre esses gêneros e muitos outros temas ligados às várias manifestações da arte. Ficávamos todos boquiabertos com tanta erudição, e ele sempre dizendo que não sabia muita coisa. Eu achava um absurdo tanto conhecimento em alguém que sabia falar lindamente, mas achava que não interessaria a muita gente. Digo que, nesse um ano de grupo de estudo, o João começou a participar de outros encontros, inclusive em comunidades carentes, e a coisa cresceu muito. Fez trabalhos polêmicos e aclamados e se tornou um palestrante concorrido.

No período de um ano, isso foi tudo o que fiz. Você pode dizer que eu me mexia e fazia as coisas acontecerem. Concordo, mas podia estar usando essa mesma energia para realizar muito mais se tivesse menos medo. Nessa época, tudo o que fiz tinha índice de exposição zero e não explorava completamente minhas possibilidades. Para uma pessoa com trinta e poucos anos, cheia de energia e desejo de expansão, é pouco. Para mim, isso era acomodação e medo de me expor. Tanto que, no final desse um ano parada, o contrato com a Globo terminou e, como eu não demonstrei grandes interesses em outros projetos, eles não renovaram. Caí da rede! Graças a

Deus! Muitas vezes na vida, eu só acordei quando tomei um susto. De repente, não teria mais salário. Teria que sair do apartamento no Leblon e correr atrás de trabalho.

Então recebi uma ligação que salvou a pátria. Alguns meses antes de isso acontecer, eu tinha ido a São Paulo para conhecer Carlos Reichenbach. A produtora de elenco Vivian Golombeck me ligara dizendo que o Carlão queria me conhecer pessoalmente para um possível papel em um filme dele, *Dois Córregos*. Como eu amo cinema, concordei na hora e resolvi fazer um bate e volta Rio/SP para conhecer o Carlão. Saí cedo do Rio e cheguei no início da tarde em São Paulo. Carlão, muito simpático, me levou para uma sala, me colocou na frente de uma câmera rodando e ficamos um tempão batendo papo. Foi assim o teste. Saí de lá, peguei meu carro e voltei para o Rio. Me esqueci daquilo. Achei que não tinha rolado e tudo bem. Então atendi o telefone, já desempregada, desesperada, e a Vivian, do outro lado da linha, disse:

– Ingra, o Carlão, nesse tempo todo, sempre quis você no papel. Vamos fazer?

Era tudo o que eu precisava ouvir! Estava havia um ano estudando sem parar e agora recebia dos céus uma oportunidade dessas. De repente me enchi de coragem e decidi que me arriscaria me entregando a esse trabalho de corpo e alma. Dito e feito. Foi um dos trabalhos mais lindos que fiz. Me imbuí de uma concentração e determinação poderosas. Liguei para minha família em Salvador e avisei que estava viva, mas que ia ficar quase sem me comunicar por dois meses. Mandei uma passagem para minha amada irmã Cândida vir fazer minha mudança para um apartamento mais barato e segui para Dois Córregos. É tanta bênção, que eu tenho uma irmã produtora competentíssima que me ama e faz esse tipo de favor com o maior prazer.

Dois Córregos é uma cidade pequena do interior de São Paulo. No filme eu ia trabalhar com duas atrizes iniciantes que, por esse motivo, tinham feito preparação com a Fátima Toledo: a pianista Luciana Brasil e Vanessa Goulart. Nesse momento, a Fátima já estava bem famosa e, como eu tinha tido uma boa experiência com ela, pedi para fazer preparação também. O Carlão não autorizou. Achei estranho, mas acatei. Também acatei a decisão dele de eu não conhecer Carlos Alberto Riccelli antes das filmagens. Hoje eu vejo que o Carlão foi muito inteligente ao cuidar para que a gente só se conhecesse no set. O meu personagem e o do Riccelli precisavam ir se encantando um pelo outro, mas sem intimidade nenhuma no início. A cumplicidade teria que ir nascendo aos poucos, e nós fomos construindo isso lindamente. Esse foi um trabalho em que usei todas as ferramentas possíveis. Estava cheia delas e louca para me divertir com isso. Escolhi uma trilha sonora que me "dava o tom" antes de cada cena e estudei muito a "partitura" emocional da minha personagem no decorrer da história. O Carlão percebeu e começou a colocar música no set para inspirar antes do "ação". Eu dizia coisas para meus colegas fora de cena, imediatamente antes de "entrar", para provocar estados reais de emoção, e utilizei muitos outros aprendizados que tinha incorporado no último ano. Eu gosto da verdade em cena e tinha estudado vários processos que servem a esse propósito. Claro que há limites e muitas vezes vivo um sentimento platônico, unilateral, só para me alimentar internamente. Toda a vivência nos bastidores servia às relações estabelecidas na ficção. Eu era uma governanta que cuidava de duas adolescentes e me apaixonava pelo hóspede misterioso, um parente distante da família que se mudava para aquela casa por ser perseguido político. No dia a dia, criei uma relação de mãe com as meninas e mantive distância do Riccelli. Até a hora em que os dois personagens finalmente se entregavam um ao outro, mas a intimidade de almas nunca acontecia, como dois amantes que pertencem a diferentes mundos.

Fiz cenas dramáticas e românticas das quais me orgulho. Foi um presente da vida ter recebido a oportunidade de viver a Teresa depois de tanto estudo. Ganhei alguns prêmios dentro e fora do Brasil com esse filme. Aliás, o prêmio em terras portuguesas foi por unanimidade e, numa mostra na França, recebi elogios ao meu trabalho me comparando a Emma Thompson.

O mais incrível é que inicialmente eu não era a protagonista e acabei me tornando. Não pelo tamanho do papel, mas pela quantidade de prêmios como atriz principal que recebi e pelos inúmeros elogios da crítica, que ainda vou pôr num quadro e pendurar na parede. Vou citar um crítico em especial, lá na frente. Cinema é assim: você roda e esquece. Faz mil coisas e, um dia, alguém te liga avisando que o filme está pronto e vai ser lançado. Me acompanhe.

Acabou o filme e de novo estava desempregada. O que é normal. Eu não pensava muito nisso, mas naturalmente tinha uma reserva curta de dinheiro para a entressafra. Enquanto você é uma pessoa que recebe convites constantemente, tudo bem. Mas corre o risco de não ter tantas oportunidades e ficar na mão ou de ter que fazer um trabalho que não quer só porque está precisando de dinheiro para pagar as contas. Foi o que aconteceu. Minha empresária, Lucia Colucci, que me foi apresentada pela Carolina Ferraz e acabou virando uma grande amiga, me ligou e disse que uma produtora de São Paulo queria me contratar para fazer uma novela que ia passar na Record. A novela se chamava *Louca paixão* e eu seria uma presidiária perigosa. A princípio recusei. Não queria de jeito nenhum fazer esse papel. Iríamos gravar num presídio de verdade desativado. Isso ajudaria na interpretação, mas seria uma energia pesadíssima. Relutei muito, mas acabei cedendo. Tive medo de arcar com as consequências por não fazer, impus para mim mesma que precisava aceitar pela necessidade financeira e decidi ser ativa transformando a expectativa inicial em sucesso. A princípio achei que ia sofrer horrores e talvez não valesse a pena. Foi a maior surpresa da minha vida, mas trabalhei para isso.

A jornada começou. A figuração era feita por atrizes e ex-presidiárias, por decisão do Jacques Lagoa, nosso diretor. Amei trabalhar com ele! Exigia muito de mim, e aquela atmosfera pesada me despertou um lado selvagem e assustador. Decidi que ia avançar mesmo com medo. Não queria de jeito nenhum repetir o erro de não encarar o desafio. Não tinha meio-termo. Minha personagem, que se chamava Soninha 38, fazia tortura psicológica com todo mundo e às vezes se comportava como um bicho, se grudando nas grades e urrando. Vaidade, nem pensar! Resolvi usar uma touca velha o tempo inteiro para não ter que destruir meu cabelo, que é sempre bonito. Nada de maquiagem e às vezes sujeira para piorar a aparência. Lembro-me de alguns jornais manifestando o pedido dos telespectadores para que eu tirasse a touca e eu não tirava. Geralmente, chegava ao hotel onde estava morando com muita dor de cabeça por ter canalizado tanta energia de raiva e revolta.

Por incrível que pareça, Soninha 38 começou a fazer sucesso. As crianças gostavam, porque ela era uma peste, e os adultos estavam adorando meu trabalho. Então os autores começaram a escrever sobre o passado da Soninha e criaram uma relação mais humana entre ela e uma colega de cela. Revelaram todo o sofrimento pelo qual ela passou na vida sem ter conhecido a mãe e investiram no começo de uma amizade em que ela resolvia proteger uma presidiária mais velha, vivida por Maria Dealves, como se fosse sua mãe adotiva.

A novela já estava caminhando para o final e, de repente, o filme *Dois Córregos* ficou pronto. Já que eu estava em São Paulo, me chamaram para uma cabine. É quando se faz uma sessão fechada para poucas pessoas. Nessa estavam os atores e alguns críticos. Saí da sessão meio tonta, sem saber direito como avaliar meu trabalho. A primeira vez que assisto, sempre fico muito mexida pela exposição. No dia seguinte, a produção me ligou pedindo para dar uma entrevista para o crítico de cinema Luiz Carlos Merten, que estava naquela cabine. Concordei e combinamos o dia. Realmente não me lembro se conversamos pessoalmente ou por telefone, mas foi uma conversa ótima. Ele tinha amado meu trabalho em *Dois Córregos*, e eu já estava muito feliz só por ele me dizer isso diretamente.

Nos dias seguintes, a novela estava acabando e foram ao ar cenas da minha morte. Foi um final de verdadeira redenção para Soninha 38. Começava uma rebelião com colchões pegando fogo e bombas explodindo. Como estávamos num presídio de verdade, onde tudo era concreto, não havia grande perigo de incêndio. Num estúdio, isso seria impensável. Claro que esse tipo de cena tem que ter bombeiros acompanhando com os extintores na mão, mas sempre corre muita adrenalina e, se você mergulhar, o pavor vem com força. Aquele lugar já devia ter presenciado cenas reais muito parecidas, e a energia estava lá. As ex-presidiárias da figuração também já deviam ter tido essa experiência, de forma que o medo e a revolta tomaram conta. A cena toda de gente correndo, gritando e apanhando da polícia já estava bem real. Então, nessa loucura, Soninha, que era uma das principais rebeldes, corre para salvar a "mãe" e leva um tiro nas costas. Saltei para frente com as costas arqueadas, numa queda dramaticamente linda. Foi impactante. A "mãe", que tinha acabado de ser salva, me pegava nos braços e ouvia as últimas palavras de pedido de perdão. Em meio a correria e gritos, via-se Soninha morta e ensanguentada nos braços da melhor amiga, que chorava a perda e a dureza da vida daquela gente. Como se, no meio de tanta dor e ódio, um anjo descesse e abençoasse aquela manifestação de amor.

Poucos dias depois, no jornal *O Estado de S. Paulo*, a capa do segundo caderno anunciava: O VOO DE UMA ESTRELA. Era eu em página inteira sendo muito elogiada por Merten pelo filme *Dois Córregos* e pelas cenas do final da novela da Record.

Quem diria. Um trabalho que eu não queria fazer de jeito nenhum, depois de um ano parada e deprimida. Aprendi uma lição valiosíssima: a gente acha que sabe o que é melhor, mas nossa visão é parcial e podemos nos enganar. Quantas vezes somos chamados para um trabalho e pensamos que vai jogar a vida para cima e não sai do raso; outras vezes, aceitamos só por necessidade, jurando que vai ser horrível, e acontece a glória. Realmente é bom que tenhamos mais humildade para receber a vida de braços abertos. Qualquer tarefa que esteja no nosso caminho pode ser maravilhosa. Se nos entregamos, no mínimo será uma experiência muito feliz e, com certeza, vai gerar bons frutos no futuro. Se nos retraímos por medo ou preconceito, desperdiçamos a oportunidade e irradiamos vibrações não muito boas.

Voltei para o Rio de mãos dadas com o cinema. Fui convidada para vários debates, e estava conhecendo todo o meio que, para minha surpresa, já me conhecia de menina. É que meu pai, Chico Liberato, é artista plástico e faz cinema de animação, e, quando eu era bem pequena, ele chegou a fazer curtas em que me usava. Brinco que ele me "usava" porque me pedia para fazer coisas que eu não entendia, mas sempre me divertia muito. Uma vez me deixou de costas para o sol do meio do dia por horas, enquanto rodava uma cena em que eu ficava abraçada a um peixe do meu tamanho. Tive queimaduras de segundo grau e fiquei uma semana sem poder usar camiseta. Faltei aula e minha mãe, Alba, que sempre trabalhou com ele, mas naquele dia estava ausente, ficou dias me dando banho com algodão. Ela queria matar meu pai. Senti na pele, literalmente.

Meu pai sempre buscou essa interação familiar, levando para dentro de casa suas produções artísticas e carregando para o ambiente de exposições os filhos pequenos, que muitas vezes eram confundidos com as instalações muito loucas, numa época de revolução na expressão artística. Meus pais fizeram parte de muitos movimentos revolucionários, nas décadas de 60 e 70, que discutiam a arte contemporânea e reinventavam a linguagem do audiovisual. Eu não tive televisão até meus doze anos. Minha mãe chamava a TV de "máquina de fazer doido". Enquanto as outras crianças estavam fascinadas assistindo a *Mulher Maravilha* e programas de uma televisão muito recente, eu estava vendo filmes de animação experimental e inovadores feitos pelos canadenses. Ouvíamos músicas instrumentais que ainda hoje causariam estranhamento, tamanho o propósito de inovar. Esse ambiente artístico tão rico acabou gerando filhos artistas: Cândida Luz é artista plástica e produtora que se destaca por sua sensibilidade; Flor Violeta é coreógrafa com pesquisas belíssimas na dança contemporânea; João Riso é flautista e compositor brilhante de música instrumental e trilhas; e o mais novo, Timóteo, para estranhamento de todos, resolveu ser advogado. Mas é um advogado que toca violão, compõe músicas e escreve livros. Sinto muita gratidão por ter a companhia de pessoas tão especiais nesta vida.

Toda noite sentávamos juntos e minha mãe lia livros de Monteiro Lobato, Irmãos Grimm e às vezes rolava C. G. Jung ou a Bíblia, onde ela nos apresentava um Jesus Cristo revolucionário.

Eu gostava das leituras, mas lembro que toda sexta tinha *O homem de seis milhões de dólares* na TV e eu ficava rezando para ir visitar algum parente só para assistir. Eu era apaixonada por essa série americana e fascinada por televisão. Ainda hoje, se tem uma TV ligada, eu fico hipnotizada olhando. Por isso, em minha casa, não ligo nunca. Só se puder parar tudo para assistir. Ela me domina completamente. Talvez seja por causa do excesso de controle sobre o consumo de TV na minha infância. Mesmo quando minha mãe comprou um aparelho a gente tinha que escolher "uma porcaria" por dia. Era difícil.

No fim eu gostava mesmo era do quintal e, graças a esses pais artistas, todos os cineastas consagrados já tinham cruzado comigo pequena. Lembro quando, nas primeiras aulas com João Moreira Salles, o Walter Carvalho veio falar comigo. Eu dizendo "muito prazer", cheia de deferência por receber um ilustre fotógrafo de cinema na nossa singela turma, e ele falou:

– A gente já jogou bola juntos.

Caí para trás:

– Sério?

Então ele me contou que nos anos 70 tinha ido à minha casa em Salvador para conhecer uma máquina de filmar desenhos que meu pai inventara junto com Celso Campinho, fotógrafo baiano. Contou que, depois de almoçar embaixo de uma mangueira, fomos jogar bola com os trabalhadores dos sítios; e eu e minha irmã Cândida, com dez e oito anos, também fomos jogar com eles. Achei essa história incrível, e um dia ainda vou pegar a foto que ele bateu do meu pai com sua invenção.

Voltando. Nessa nova temporada no Rio, conheci Denise Del Cueto, produtora de elenco para festivais e filmes. Foi amor à primeira vista. De cara ela me levou ao Festival de Brasília, e então nunca mais parei de frequentar festivais. Ela fazia os maiores e sempre tinha um curta ou longa do qual eu fazia parte. Pouco tempo depois dessa recente amizade, Denise foi chamada para fazer o elenco de um filme da Florinda Bolkan. Eram quatro irmãs e estavam procurando uma atriz para fazer a mais nova. Denise me indicou e fui uma tarde à casa da Maria Zilda para conhecê-las. Nos demos todas muito bem. Fizemos uma leitura e decidimos que o elenco estava definido. Eu viajaria uma semana depois para o Ceará e não tínhamos muito tempo de preparação. Para nos entrosarmos um pouco, saímos dali e fomos comer rã na Lagoa. É isso mesmo, rã. Foi a primeira e única vez que comi. Era gostosa, parecia frango. Mas aquelas perninhas de gente causavam uma sensação estranha e nunca mais na vida colocaram um prato com rã na minha frente. Melhor.

Fiquei dois meses no Ceará, entre Fortaleza, Canoa Quebrada e uma região de serra lindíssima. Acho que nunca me diverti tanto. Filmava de dia, dançava forró à noite e meu papel ia crescendo. Vou explicar. Houve algumas brigas entre pessoas do filme e essas pessoas queriam fugir do set. Como eu estava completamente de bem com a vida, acabei entrando em cenas onde minha participação não estava prevista. E ainda ajudei os que brigaram a se comunicar, já que nem se olhavam.

Se quiser, aprenda isso. Sua disponibilidade e energia no set determinam muitas oportunidades de ter a câmera apontada para você.

Também com esse filme ganhei alguns prêmios e tive uma experiência incrível no Festival de Cinema de San Sebastian, na Espanha. Como a Florinda é uma atriz brasileira que mora na Itália, já foi musa de Antonioni, trabalhou com muitos mestres do cinema e é consagrada na Europa, foi convidada para apresentar seu filme lá e me chamou para ser a atriz brasileira presente. Aceitei na hora. Nunca tinha ido a um festival desse porte e fiquei impressionadíssima com o tamanho dele e com a popularidade de Florinda. Só artistas internacionais, muitas entrevistas para canais do mundo todo e uma cicerone só para nossa pequena equipe de três pessoas. O que aconteceu foi que, na primeira noite, resolvi ir a uma festa do festival e conheci muita gente da organização. No dia seguinte de manhã, um produtor me liga convidando para um jantar que seria oferecido ao Robert De Niro, o grande homenageado. Passei o dia com Florinda divulgando o filme e contei para ela sobre o convite. Ela não tinha sido convidada e me aconselhou a ir, claro. À noite, um carro me pegou e lá fui eu sozinha. Eles tinham fechado um restaurante muito charmoso e havia umas vinte pessoas numa grande mesa, todos já meio "altos". Me receberam na maior festa e me colocaram sentada em frente ao Robert De Niro, que era carinhosamente chamado de Bob. Conversei muito com ele por ser baiana e ele já ter ido algumas vezes à Bahia na companhia do meu amigo Heitor Reis e Neville d'Almeida. Falamos de muitas coisas e todos eram muito simpáticos comigo, especialmente De Niro e Julian Schnabel, diretor que estava prestes a rodar *Before Night Falls* ou *Antes do anoitecer*, que deu a indicação ao Oscar a Javier Bardem. Lá pelas tantas já estavam todos bêbados de vinhos incríveis e, nessa época, eu não bebia nada. Sempre fui muito desinibida e nunca senti necessidade ou vontade de beber. Acompanhava o ritmo e a alegria de todos como se também tivesse bebido, mas o fato é que sempre sentia sono já à meia-noite. Tanto que, nos festivais brasileiros, tinha o apelido de Cinderela, por sempre ir dormir nesse horário.

Passado um tempo, colocaram salsa para tocar e começamos a dançar. Dancei com um ator jovem de rosto muito familiar e me diverti com Javier Bardem na salsa. Danço todas as danças de salão, e o Bardem já teve pousada em Búzios, maior pé de valsa na salsa e outras danças latinas. Dancei muito e estava superenturmada quando decidi ir embora para dormir. De repente, achei que era demais seguir a noite com eles esticando para uma danceteria. Ninguém entendeu por que eu estava indo embora, e De Niro chegou a ligar para meu hotel perguntando se eu realmente não queria sair com eles.

– Já está tarde – eu disse, como se fosse uma criança pequena.

Não precisava acordar cedo e não estava cansada. Tá, tudo bem, talvez ele estivesse com segundas intenções, mas era só eu botar o meu limite. No fundo, senti medo dessa expansão. Tive a possibilidade de me aproximar ainda mais de pessoas muito importantes na minha área e fui arrogante, convencida de que estava muito certa. Escolhi me iludir com preconceitos ligados ao que os outros achariam e me isolei. Desejo que, com o passar dos anos, eu tenha construído um pensamento mais livre de tabus. Como disse Pablo Picasso: é preciso muito tempo para se tornar jovem.

É uma grande perda de tempo sofrer com a opinião do outro, se ela estiver errada. A verdade da situação vai prevalecer, protegendo quem foi alvo da má-fé. O que os outros pensam ou dizem é um castelo construído na areia e se desfaz diante da primeira onda de verdade. Hoje considero a preocupação com a opinião dos outros como mais uma desculpa para recuar diante dos caminhos oferecidos pela vida. Arrogância disfarçada de autopreservação.

No dia seguinte, soube que ficaram até amanhecer o dia dançando num lugar perto do hotel. Passei um tempo arrependida daquela criancice, mas já era tarde. Dessa vez, "tarde" mesmo.

A essência da felicidade é não ter medo.
FRIEDRICH NIETZSCHE

Enlaçador de mundos

Voltei para o Rio determinada a fazer a roda girar. Comecei a observar como eu poderia produzir conseguindo financiamento para os projetos que me interessavam. Estava tendo ótimos relacionamentos de amizade em todas as áreas e sabia que esse era um bom caminho. Convivia com amigos com quem eu tinha muita afinidade criativa e que exerciam funções de decisão.

Ainda não sabia o que ia fazer e estava aceitando convites para ir a programas falar sobre os trabalhos recentes quando aceitei ir a um programa do Gugu em São Paulo. Era uma competição entre artistas, e eu, que geralmente ganhava, perdi. Acabou o programa e eu me perguntei:

– Por que eu vim a São Paulo fazer esse programa?

A resposta estava no camarim. Cássia Linhares olhou para mim e disse:

– Ingra, o diretor Rafael Ponzi está procurando uma atriz do seu tipo para fazer uma peça de teatro com texto do Marcelo Rubens Paiva.

Peguei com ela o telefone do diretor, mas não liguei na hora. Talvez nem fosse ligar. Então, indo para o aeroporto, Cássia pegou o celular, ligou para o Rafa e me colocou para falar com ele já marcando nosso encontro para o dia seguinte.

Era uma peça com Tato Gabus Mendes, Antônio Gonzales e Clara Garcia, que também fazia a produção junto com Maria Siman. Tivemos uma conversa, e Clara, que foi casada com Nuno, me contou que tinha recebido dele ótimas referências sobre mim. Começamos os ensaios. O Marcelo Rubens Paiva assistia e ia fazendo adaptações de acordo com os atores e o diretor. Foi um processo bem interessante, e eu comecei a acreditar muito naquele projeto. Então Walter Siqueira, um amigo que trabalhava no Centro Cultural do Banco do Brasil e conhecia alguém da Petrobras, me ligou perguntando se eu tinha alguma indicação de peça com Lei Rouanet para captar.

– Claro! A que estou ensaiando: *Mais que imperfeito*, de Marcelo Rubens Paiva.

Levamos o projeto na Petrobras e captamos o suficiente para um ano de turnê. Foi uma peça que me deu muita visibilidade, sendo motivo para participação no Jô Soares e Serginho Groisman, entre outros programas, além de muitas matérias em revistas e jornais.

Nessa mesma época, também captei para um longa que foi rodado em Brasília, *As vidas de Maria*, de Renato Barbieri. Por ser a atriz principal e ter sido captadora, fui convidada a tomar decisões de produção. Convidei o preparador de atores Sérgio Penna, mestre no processo de construção da personagem, que se tornou um parceiro e é amigo até os dias de hoje. E sugeri Duca Leindecker para fazer a trilha sonora, que ficou belíssima. A maioria dos 365 dias do ano de 2001, você podia me encontrar no aeroporto em viagens para a peça, filmes e visitas a Porto Alegre. Tem uma novidade aqui. Qualquer 24 horas de folga, pegava o avião para ver o Duca, músico, compositor e multi-instrumentista gaúcho. Estava apaixonada. Tínhamos nos conhecido num evento das bandas que participariam do Rock in Rio daquele ano. O Duca, o Luciano, irmão dele, e Paula Nozzari formavam a banda gaúcha Cidadão Quem. O charme e a beleza dos três me chamou a atenção, e a amiga Déborah Aguiar, que estava me acompanhando, conhecia o Luciano. Depois de conversar um tempo com o Duca, cumpri meu ritual de Cinderela e fui para casa. Batia meia-noite e eu obedecia ao meu toque de recolher. O fato é que achei o Duca bem interessante e fiquei com uma sensação de que aquele encontro seria o primeiro de muitos. Desenhei um coração na agenda marcando o dia em que ele voltaria ao Rio, mas não nos falamos mais e ele não voltou na data prevista. Alguns meses depois, passando por minha cidade, Duca lembrou de me ligar. Eu estava em cartaz com a peça *Mais que imperfeito* e o convidei para assistir. Passamos três dias grudados, só conversando e descobrindo nossas diferenças e afinidades. Lembro que na segunda noite aceitei sair com ele depois da peça e fomos ao Baixo Gávea. Quando meus amigos nos viram, fizeram um escândalo absurdo. Nunca tinham me visto na rua depois da meia-noite.

Nessa noite, o Duca me deu um par de brincos com pedras vermelhas e eu senti que o encontro casual se transformaria em uma vida compartilhada. Já estávamos nos olhando e nos comunicando sem necessidade alguma de palavras.

Naquele momento, eu acreditava que estava decidida a manter minha autossuficiência, mas o que fiz demonstrou o quanto eu estava longe de aprender essa lição. Constato isso com aceitação e desejo de mudança. Apenas eu sou capaz de mudar esses padrões e, para isso, preciso me olhar no espelho. Sem culpa. Trazendo todos os meus aspectos à luz e integrando-os para poder transformar o que me enfraquece.

Estar amando é maravilhoso e estou aprendendo que podemos amar alguém sem perder o amor-próprio e sem desviar o olhar das coisas que são importantes para nós. Estou aprendendo a estar na vida a dois considerando as minhas realizações como algo valioso que precisa ser preservado. Para a saúde do convívio, preciso reconhecer o valor da minha história, das minhas relações de trabalho e amizades. Parece óbvio? Por muito tempo, não foi. Eu achava bonito, diante do amor, largar tudo para ir atrás, como se minhas relações cultivadas com dedicação não significassem nada! Significam tudo. Somos o que vivemos até o presente momento, e as relações frutíferas não devem ser descartadas só porque estamos iniciando um novo relacionamento. Ao contrário: essa nova relação pode ser amparada pelo que já construímos. Cada conquista precisou de tempo, e esse tempo não volta. Já escutei isso inúmeras vezes e você também. Mas esse aviso absolutamente simples passa batido para a maioria das pessoas. Minha história e minhas relações construídas ao longo do tempo valem ouro. Naquele momento da vida, tinha amigos verdadeiros e influentes em todas as áreas da cena artística do Rio e de São Paulo e circulava em eventos muito seletos. Eu me sentia feliz, realizada, e estava tudo indo muito bem em direção à maioridade. Já vivia havia alguns anos como provedora de mim mesma, assumindo finalmente essa responsabilidade. E, exatamente neste momento, resolvi dar as costas para um mercado fervilhando de convites de trabalhos que só me lançariam para frente e para o alto na minha carreira. Achei que tinha trabalhado muito naquele ano e precisava descansar. Decidi tirar férias e ir para Porto Alegre. Fechei o enorme apartamento em que morava de aluguel, coloquei minhas coisas num depósito, peguei o carro e, junto com o Duca, viajei para o Sul sem data de volta. Mais uma vez, não vejo problema algum em tirar férias por algumas semanas ou alguns meses. Estava conhecendo uma família muito especial, que hoje é minha família gaúcha, e isso tem um valor imensurável. Eu podia até ter decidido fazer minha base no Sul, mas achar que não precisava ter meu lugar no Rio foi falta de visão total. Medo do sucesso, medo da responsabilidade de gerir a minha vida.

Mesmo com essa atitude nada inteligente de abandonar um mercado tão valioso, os convites não pararam, e estava havia um mês fora do Rio quando o Jayme Monjardim me convidou para a novela *O clone*. Entrei na novela já na metade e fiquei até o final. Era um papel maravilhoso. Amina, uma marroquina que chegava para abalar o casamento de Latiffa e Mohamed, interpretados por Letícia Sabatella e Antônio Calloni. Fiz cenas primorosas e me divertia com a dança do ventre, mas no fundo não queria estar ali. Só hoje eu tenho consciência disso e tenho a firmeza de estar de corpo e alma no lugar que escolhi. Posso até sentir vontade de estar com meu filho quando estou num set de filmagem, ou querer estar num set filmando quando estou com meu filho, mas é um lampejo, um desejo que vem e passa, porque sei que preciso habitar o momento presente com toda a sua riqueza de possibilidades para me sentir plena no agora. Hoje enxergo a vida acontecer com toda a sua beleza e ensinamentos que só um olhar no momento presente pode perceber. Graças a essa consciência, quando estou com meu filho, estou só com ele, e quando estou num set, só existo para aquilo. Mas em *O clone* ainda não era assim. Só pensava em voltar para casa em Porto Alegre. De novo, estava vivendo uma relação linda no amor e imatura na minha dependência emocional. É como não assumir o lugar em que escolhi estar. Claro que todo mundo percebe e é muito chato, porque é alguém que está sempre querendo saber a que horas vai acabar para pegar o primeiro voo. Mesmo assim, brilhava na pele de Amina e, aos 36 anos, fui convidada para fazer a *Playboy* pela segunda vez; a primeira tinha sido logo depois de *Ana Raio*. Naquela época, recusei por pudor, e desta vez por medo do sucesso. Ia atrapalhar meus planos de reclusão. Cumpri meu papel na novela indo e vindo toda semana durante seis meses e me mudei definitivamente para Porto Alegre. Desprezei completamente a visibilidade que tive, bati o pé e mantive a decisão de abandonar o Rio de Janeiro.

A gente arranja inúmeras desculpas para desvalorizar o sucesso, e são todas muito convincentes. Como a desculpa de que sucesso e dinheiro não compram felicidade e o que vale são as relações do momento. Pois agora eu sei o óbvio e vou insistir nisso. Claro que a relação que está começando pede dedicação, mas as relações cultivadas no passado também, e talvez esteja nesses contatos anteriores sua fonte de renda. Se eu não tenho dinheiro para simplesmente pagar minhas contas, vou viver com uma certa tensão e, mais cedo ou mais tarde, vou explodir com quem está ao meu lado. Se sou daquelas pessoas que gosta de dar presentes inesperados ou visitar um parente em outro estado porque "bateu saudade", já era. Sem dinheiro, vou viver com o cinto tão apertado que não poderei dar um passo fora do estritamente necessário para sobreviver. Não vou poder dividir momentos únicos numa viagem a um lugar completamente diferente de tudo. Nem ter gestos simples e prazerosos, como ver um objeto na rua e comprar para meu amado ou meu filho só porque achei "a cara" deles. Claro que posso ser extremamente feliz aqui no sofá comendo pipoca com meu filho, mas ter a possibilidade de ir com ele a Marrocos visitar uma aldeia berbere ou ao Pantanal para nos deslumbrarmos com tamanha beleza é maravilhoso!

Precisamos, sim, ser bem-sucedidos, ser capazes de atender nossas demandas para ter paz e enxergar o que realmente importa, em vez de estar o tempo inteiro usando nossa valiosa energia para conseguir dinheiro para pagar o aluguel. Se queremos olhar tranquilamente nos olhos de alguém e mergulhar sem precisar pensar no mundo lá fora, precisamos estar com as contas pagas, a consciência tranquila e felizes por estarmos fazendo o nosso melhor. Ser o melhor que se pode ser em tudo o que for possível não é demais. É se fazer feliz! Também não é querer ser melhor que os outros e, sim, ser o melhor que eu consigo. Isso alimenta a alma e me fortalece. Cansativo é viver me poupando de mergulhar com tudo nas oportunidades que se apresentam ou me poupando de ter sucesso em nome do amor. O amor é nossa força, e não um desvio no caminho da autorrealização. E essa força também se manifesta em todos os níveis, inclusive na abundância material. Está tudo ligado. Ter autoconhecimento a ponto de saber conectar a abundância é a verdadeira evolução. Saber trocar com o mundo distribuindo os dons e recebendo seus recursos com gratidão. Sem nenhuma economia em dar ou receber, vivendo uma troca plena. Nascemos para fazer brilhar nossa luz em todas as direções, com amor e com força.

> *E conforme deixamos nossa própria luz brilhar, inconscientemente damos às outras pessoas permissão para fazerem o mesmo. E conforme nos libertamos do nosso medo, nossa presença automaticamente liberta os outros.*
>
> Nelson Mandela

Flor da vida

Já morando em Porto Alegre, vivia o paraíso que me fazia sentir segura. Sem exposição. Durante uns seis meses, só família, casa e acompanhando o marido nas viagens pelo estado. Como disse, nessa época o Duca tinha a banda Cidadão Quem, muito conhecida dos gaúchos, que fazia shows sem parar. Ele também tinha lançado um livro de muito sucesso que proporcionava inúmeros convites para palestras em escolas e eventos literários: *A casa da esquina*. Quer dizer, ele bombava de trabalho e prestígio, e eu olhava para isso com orgulho, mas me esquecia de mim mergulhada na acomodação e no medo de me arriscar em novos desafios. Como estava num ambiente completamente novo, teria que me aventurar e criar novos caminhos. Duca é um ótimo exemplo de quem explora inúmeras possibilidades e até me estimulava a pensar em novas atividades profissionais em Porto Alegre, mas também queria muito ter filho. O desejo de ter um filho falava mais alto e me contagiou.

Durante muito tempo na vida eu dizia que teria cinco filhos. Mas isso não era fundamental. Era apenas um querer que foi ficando para trás e, quando me dei conta, já estava perto dos 35 e solteira. Exatamente nessa época em que tomei a decisão de esquecer a ideia de ter alguém querendo construir uma família, o Duca apareceu. O nosso primeiro ano de namoro à distância foi o tempo necessário para que eu reavivasse esse desejo por meio da vontade dele. Então, na nova morada, me dediquei ao propósito de ter um filho. Engravidei no final do ano em que me mudei e Guilherme nasceu em julho de 2003. Foi uma gravidez muito tranquila e abençoada. Eu vivia nas nuvens. Para mim, nada se compara à plenitude da maternidade, nesse momento em que somos cocriadoras de uma nova vida. Se você está vivendo uma relação de paixão, então, é como se cada minuto do dia fosse uma celebração de intensa felicidade.

E se alguém me perguntar o que mais me deu prazer profundo nessa vida inteira, direi sem titubear: amamentar. Constantemente chorava ao olhar e sentir meu "bichinho" grudado em meu seio se alimentando de muito amor e saúde. Pura unicidade, o ser espiritual e o ser animal em perfeita harmonia. Era um verdadeiro ninho de amor. Mesmo vivendo esse idílio na terra, as demandas da vida se fizeram presentes e, no sexto mês de amamentação, resolvi criar algum projeto.

Escrevi um argumento que Artur José Pinto desenvolveu para o teatro e transformou numa comédia divertidíssima: *Inimigas íntimas*. Fernanda Carvalho Leite e eu começamos os ensaios sob a direção de Néstor Monastério, um diretor argentino radicado no Sul há muitos anos. Trabalhar com Néstor foi como fazer uma faculdade. Serei eternamente grata a tudo o que aprendemos juntos nesse projeto que já dura nove anos.

Três vezes por semana eu deixava o Gui com minha sogra, Dália, e nos outros dias o Duca se organizava para cuidar dele.

Durante as três horas diárias de ensaio, meus seios enchiam tanto de leite que parecia que iam explodir! A grande piada era que eu começava sempre com seio de adolescente e, no final do dia, parecia uma mamma italiana. Lembro de uma vez que precisei ir a um evento em São Paulo e deixei nove mamadeiras cheias de leite materno, atendendo a conta exata para as 24 horas de ausência. Já no aeroporto para voltar, me sentia uma vaca leiteira, precisando desesperadamente do seu bezerro. Liguei para o Duca e pedi que não desse a última mamadeira, porque eu estava explodindo de tanto leite. Quanta alegria por desembarcar e ver aquele bebezão me esperando no colo do pai, sedento de amor maternal e leite.

Quando o Gui completou onze meses e meio, aceitei um trabalho que aconteceria em Canela duas semanas por mês. O Paulo Nascimento escreveu uma série para uma TV portuguesa e me fez um convite irresistível para viver uma fazendeira. Na verdade, não havia projetos locais com frequência, então precisava aproveitar as oportunidades. O Duca e a Dália prepararam um mutirão de apoio e suspendemos os ensaios da peça. Diante desse novo compromisso, constatei com muito pesar que teria que desmamar o Gui, pois ficaria sempre cinco dias das primeiras semanas do mês em Canela. Como o Gui nunca tinha pegado em mamadeira ou bico, chorou dois dias até aceitar tomar outro líquido que não fosse meu leite. Eu chorei uma semana inteira.

Os três primeiros anos em Porto Alegre foram bem difíceis profissionalmente, porque o mercado gaúcho, além de ser menor, não é muito aberto para quem vem de fora. No fundo eles se protegem e, para entender, basta olhar a história da formação do estado. Conquistaram cada pedaço de chão com muita luta. Não é qualquer forasteiro que vai ser recebido de braços abertos. Sempre digo que demorei para ser aceita e, quando fui, me abraçaram completamente. Mas o Paulo, desde meu primeiro ano em Porto Alegre, fazia convites para especiais da RBS, e o que mais pintasse. Sou muito grata a ele e, em 2006, fui convidada para mais um trabalho com sua equipe. Desta vez um longa-metragem, *Valsa para Bruno Stein*. Era uma personagem enigmática que se comunicava muito com o olhar, e meu grande parceiro de cena era Walmor Chagas. Que privilégio trabalhar com Walmor; que humor, que energia! O tempo todo disponível para ensaiar e conversar, dando sugestões apaixonadas para cada colega. Virava um garoto cheio de presença no "ação". Era impressionante!

Lembro que, antes de ir para a locação, a produtora e amiga Mônica Catalane me avisou que teríamos reserva em um hotel grande na maior cidade da região, onde dormiríamos todas as noites, já que no vilarejo de Minas do Camaquã, onde a base da produção ficaria, só havia alojamentos muito modestos. Como iríamos contar a história de uma família que vivia isolada de tudo e de todos, pedi para ficar no povoado, que tinha apenas duas ruas, pois queria "respirar" a solidão do lugar. O Gui estava com uns três anos nessa época e, pela primeira vez, eu teria que ficar direto quinze dias filmando até ter minha primeira folga. Foi muito dolorida essa separação momentânea. Eu e Duca decidimos que seria melhor ele ficar em Porto Alegre com a rotina de escolinha e aos cuidados do pai e da avó. Eu estaria trabalhando o dia todo num lugar isolado e árido. Senti dor no peito de tanta saudade, mas, como tudo na vida, esses primeiros quinze dias passaram e eu tive a oportunidade de mergulhar profundamente no sentimento de solidão. No ano seguinte (2007), o filme foi selecionado para o Festival de Cinema de Gramado e eu ganhei o Kikito de Melhor Atriz.

Aquele festival foi uma experiência tão intensa que me transporto para lá só de mencionar. Já fui muitas vezes ao Festival de Gramado acompanhando filmes meus. Coincidentemente, vários foram selecionados. Como de outras vezes, fiquei toda a semana respirando cinema e assistindo a cada filme concorrente. Também já fiz isso na função de júri, consciente da enorme responsabilidade e me dedicando com serenidade. Sou uma boa formiga operária. Como concorrente, já não era tão tranquila. Ficava muito nervosa e bloqueava a expectativa de ganhar o prêmio para não infartar. Em vez de desejar com alegria, fingia para mim que aquilo não era importante. O fato é que, depois de assistir a todos os filmes, eu realmente achava que merecia ganhar, mas não suportava pensar nisso. Escolhi apostar secretamente todas as fichas na opção de que não ganharia.

Um sinalzinho sutil de arrogância aparece aqui. Claro que esse prêmio é importante! Eu poderia gritar internamente:
– Eu quero ganhar! Estou torcendo por mim!

Não é muito mais divertido, sincero e humilde? Às vezes, a humildade é simplesmente ser como os outros mortais, que adorariam ganhar um prêmio desses, em vez de se sentir superior e desdenhar essa possibilidade.

Então fui para o Palácio dos Festivais fingindo para mim que não tinha a menor expectativa. Sentei no meu lugar reservado aos indicados e fiquei ali tentando segurar o coração, que queria sair pela boca. Não me lembro de nada além do momento em que Luíza Tomé olhou para José Wilker dizendo...

– O Kikito de Melhor Atriz vai para...
E pronunciou meu nome:
– Ingra Lyberato!
Subi no palco sem sentir as pernas e fiz um agradecimento que contemplava os jurados, Paulo Nascimento e Marilaine Castro, meus colegas e a equipe, Dália, Duca e Guilherme.

2007 foi um ano de muito aproveitamento. Ensaiamos *Inimigas íntimas* por alguns meses e finalmente tínhamos pauta para estrear. Fernanda, Néstor e eu fazíamos tudo: produção e assessoria de imprensa, além de sermos as atrizes e o diretor. Tinha acabado de voltar de Gramado com o Kikito de Melhor Atriz, considerado o "prêmio gaúcho" daquela edição, quando fomos pessoalmente a cada redação de jornal pedir divulgação gratuita para nossa estreia. Ganhamos capa do segundo caderno em todos os jornais e tivemos uma temporada excelente de um mês e meio. Pagamos todos os profissionais que haviam trabalhado para receber depois e conseguimos um pequeno financiamento do Banrisul para circular no interior.

Por causa do Kikito e da divulgação enorme proporcionada por ele, algumas revistas me procuraram para entrevistas. Todos queriam saber por que eu tinha sumido do Rio de Janeiro e se eu tinha a intenção de aproveitar a visibilidade do prêmio para retomar meu mercado de trabalho no grande centro. De fato foi uma exposição impressionante. Eu nunca tinha visto aquilo. De motorista de táxi a caixa de supermercado, fui cumprimentada pela premiação.

Vocês podem perceber que tenho coragem de trilhar o caminho do sucesso, mas, quando me via no lugar em que queria estar, não reconhecia o valor da conquista e recuava, fechando as portas que abri.

Em vez de refletir sobre essa questão, eu me senti ofendida com as perguntas e fiz questão de deixar muito claro para todos os jornalistas que não deixaria minha família por nada. Foi o início do fim. Naquele momento não dei espaço para uma reflexão sobre essa questão, achando que defender meu mercado de trabalho no Rio ameaçaria minha presença na família. Mas exatamente por negar a necessidade básica de ter meu espaço, uma semente de dúvida foi plantada no meu coração. Seria bem melhor ter encarado os fatos, enxergado as portas que se abriam e ter refletido com coragem sobre como poderia investir na retomada do mercado nos grandes centros com minha família junto. Faltou firmeza para dirigir minha própria vida, fazer a escolha e realizar meu desejo, que estava soterrado por muito medo.

Quero alertar aqui que esta autoanálise que faço agora não era tão clara na época. O medo estava disfarçado de amor à família, não me deixando ver que o trabalho não exclui esse amor. Ao contrário, eles se complementam. Até aquele momento tinha vivido em um estado de amor pleno que me fazia vibrar muita positividade. Mesmo não escolhendo com inteligência alguns caminhos, a minha alegria atraía bons acontecimentos. Por isso, quando nos apaixonamos, uma onda de coisas boas acontecem a nossa volta. É a vibração luminosa do amor atraindo boa-venturança. Mas minha autoexclusão profissional começou a se fazer muito clara a partir daquele momento, provocando uma sensação de não estar exercendo todas as minhas possibilidades nesta vida. Sentia que tinha deixado o prazer da vida familiar e a paixão me distraírem de outras coisas fundamentais para minha autorrealização. Lembro uma noite em que sonhei que o Daniel Filho era treinador de um time feminino de futebol e eu era uma jogadora. Eu estava sentada no banco e lá fiquei assistindo ao jogo. Aquele sonho me impressionou e me deprimiu. Cheguei a contar para o Duca. Me sentia completamente fora do jogo e comecei a perceber que tinha sido eu quem permitiu que isso acontecesse.

A família poderia ter sido motivo para eu me encorajar e criar condições de ter a companhia deles nessa volta ao grande mercado. Não precisava ter cogitado a possibilidade de ir sem eles ou de não ir, que foi o que fiz.

Medo de ficar só. Por medo de ficar só, já destruí algumas relações, já fui insensível e agi de forma errada. Também por medo, já decepcionei para acabar com tudo e fingir para mim que o outro estava me sufocando. Quanta ilusão. O medo nos mata. O amor nos cura. E o primeiro amor que precisamos ter capacidade de sentir é o amor-próprio. O tal sucesso é só a vontade de ser amado, e pra isso a gente precisa SE amar. Quando a gente se ama, não se põe em roubada fazendo o que não quer ou mentindo para si próprio. A capacidade de amar é uma só. Se você é capaz de se amar, é capaz de amar o outro. Vou abrir o jogo: já abortei e já traí quem eu gostava por puro medo de ficar só. No "roteiro" que fiz para mim, ignorando completamente a força da vida, já achei que precisava me agarrar ao amado sem filhos para não perdê-lo de vista e atendê-lo o tempo todo, e já abri mão do meu sagrado trabalho. É claro que a vibração por trás dessa atitude é de completo desamor. É medo. E, no nível das energias, é isso o que o outro sente. É esse o diálogo mais sutil e poderoso que eu estava tendo com a pessoa e com o universo. Se eu confio, me entrego e amo, o outro sente o amor, e não o medo. Hoje prefiro "pensar" com o coração, com entrega e confiança. A resposta do outro e da vida muda, e eu tenho o que tanto desejo agora! O maior sucesso desta vida! A paz, a alegria e a interatividade com quem quer que seja. E com isso muitas portas podem se abrir. Ou não. Eu não precisarei disso para estar bem. Em vez de precisar abrir a porta para me sentir bem, me sinto bem por meio da vivência do amor-próprio e então as portas se abrem. Eu já estarei em paz e, quando os caminhos se apresentarem, será para expandir a luz. Cada vez mais me coloco num estado em que todos à minha volta se sentirão bem em "dialogar" com essa energia.

A traição é outra coisa gerada pelo medo. Eu me iludo que não quero para "não querer" antes do outro. Não me parece inteligente. Hoje escolho alimentar meu amor. Se o outro não quiser, vai embora com seu desamor, e eu ficarei com o meu amor. O amor pertence a quem sente, e não à pessoa amada. A capacidade de amar é a capacidade de ser feliz! Isso é sucesso máximo! É tudo de que eu preciso.

Quando eu tinha a bênção de ter amor e portas profissionais abertas, inventava que as duas coisas eram incompatíveis e o sofrimento começava. A loucura maior é que eu dava um jeito de perder o que tinha para ir em busca do que quer que seja. Toda situação sempre pede um olhar atento ao que pode ser melhorado. Na maioria das vezes não estava completamente feliz porque não tinha me comunicado bem, mas, então, em vez de tentar descobrir o que não estava funcionando e consertar, quebrava de uma vez. Já repeti esse padrão algumas vezes. Tudo pode ser transformado, inclusive as relações. Às vezes elas acabaram mesmo, mas em outras simplesmente não fomos honestos o suficiente com a gente. Não olhamos o que nos incomodava de verdade, não admitimos isso para o outro e não curamos uma ferida perfeitamente curável. Se olharmos, com amor, no fundo dos olhos de quem está do nosso lado, enxergaremos a nós mesmos.

A cura é uma flor que floresce no amor.
Letra de hino da Porta do Sol,
recebido por Ana Vitória Vieira Monteiro

Acima: Ingra em cena do filme *Ementário* de Chico Liberato

Com o filho Guilherme em praia da Bahia

Abaixo: Os cinco filhos de Francisco e Alba

A família Liberato no sítio em que os filhos cresceram e onde os pais vivem até hoje
Em dois momentos: em 1980 e nas bodas de ouro dos pais em 2016

02-11-88, Rio de Janeiro - RJ

Mãe, Pai e irmãos,

Mãe, aquilo que você perguntou sobre a falta de informação da minha vida, não tem nada à ver. Eu estava pra escrever e contar uns projetos meus. Só não o tinha feito, porque toda vez que eu me encontrava disponível pra escrever, eu pegava no roteiro que eu estou fazendo com o Nuno. Esse roteiro ele já tinha a história na cabeça (é policial), e queria deixar pronto pra, futuramente, fazer um filme ou vender. Seria um roteiro fácil pra um profissional, mas apesar de eu ter muita fluência de pensamento e escrita, têm horas que eu me enrolo. É um bom exercício. Já escrevi cenas e diálogos inteiros sozinha e depois o Nuno olha e acrescenta pouca coisa ou nada. Ele está impressionado com a facilidade que eu tenho de escrever. Taí um outro talento que já estou começando a descobrir e trabalhar. Depois as pessoas falam que eu não posso fazer tudo ao mesmo tempo. Eu vou deixar então de cultivar essas tendências que se apresentam com tanta força pra crescerem e serem exploradas?

Minha vida está mudando sim, mas não é tanto uma mudança de ocupações e dinâmica. Apesar de eu estar com essa variedade de atividades, esses contatos com pessoas nacionalmente consagradas e trabalhando com elas.

Carta enviada para a família no primeiro ano morando no Rio de Janeiro

Ingra entre Nani Venâncio e Andréia Fetter na minissérie *O canto das sereias*

Ao lado de Paulo Gorgulho na novela *Pantanal* da Rede Manchete

E com José de Abreu na minissérie *O canto das sereias* da Rede Manchete

Como Rafaela na minissérie *Decadência* da Rede Globo e com Raul Gazolla em cena dirigida por Carlos Manga

Morte de Soninha 38 na novela *Louca paixão* da Rede Record

Ingra e Walmor Chagas em cenas do filme *Valsa para Bruno Stein* de Paulo Nascimento, que lhe rendeu o Kikito de Melhor Atriz em Gramado

Com Carlos Alberto Riccelli e o diretor de *Dois córregos,* Carlos Reichenbach

Dançando para Antônio Calloni com Letícia Sabatella na novela *O clone* da Rede Globo / Divulgação

NOVA
COSMOPOLITAN

O NAMORO HOJE
Pesquisa de NOVA. Como e onde as pessoas estão encontrando o amor. Responda ao questionário. Participe!

Profissões de futuro para a mulher de hoje

Ele destrói como um míssil ou une como o amor. Que poder o dinheiro tem sobre o seu casamento?

Por que os homens odeiam estar errados. E o que fazer quando você está certa

MAIS BONITA, MAIS ADORÁVEL
- O que fazer com sonhos, crespinho ou superliso
- A solução para corrigir imperfeições no rosto
- Os segredos de nutrição de especialista que mudou a vida de Mariel Hemingway e Emerson Fittipaldi

A história de
ANA RAIO E ZÉ TROVÃO
Estréia dia 12, às 21:30h

BOLETIM ESPECIAL

ELLE

INGRA LIBERATO, LEANDRO E LEONARDO: ELLE SE RENDE AO CHARME CAIPIRA

ESPECIAL MODA
TOPS, FIVELAS, BOTAS E CHAPÉUS DÃO O TOM DO
VERÃO COUNTRY
E TEM MAIS: SHORTS, BLAZERS, LONGOS, LETRAS E O CLÁSSICO BRANCO

Manchete

ANA RAIO E ZÉ TROVÃO
As paixões de um Brasil que o Brasil não conhece

AIDS EM FAMÍLIA
O amor contra o vírus

OVNIs
O BRASIL NA ROTA DOS EXTRATERRENOS

CHICO MENDES
O DRAMA POR TRÁS DO JURI

Medicina
FERTILIDADE
A gravidez sem limites

---

manequim

BELEZA: NOVOS CREMES ANUNCIAM O FIM DAS RUGAS E FLACIDEZ

ANA RAIO
sem rodeios, faça os jeans que compõem seu look-country

AQUI TEM MODA PRÁTICA
★ calças, blusas vestidos-calça coletes, roupas fáceis para o trabalho e a escola
★ habillés em tamanhos grandes e macaquinhos para as crianças tudo com moldes

AQUI TEM PÁSCOA
★ modelagem com chocolate, ovos pintados, coelhos de feltro, mil idéias para uma festa inesquecível tudo com receitas

100 MOLDES para você fazer e acontecer

AQUI TEM CURSO DE BOUTERIAS: 3.ª AULA
como trançar pérolas, esmaltar e montar peças de cerâmica, e se tornar uma expert no assunto. Fácil, fácil!

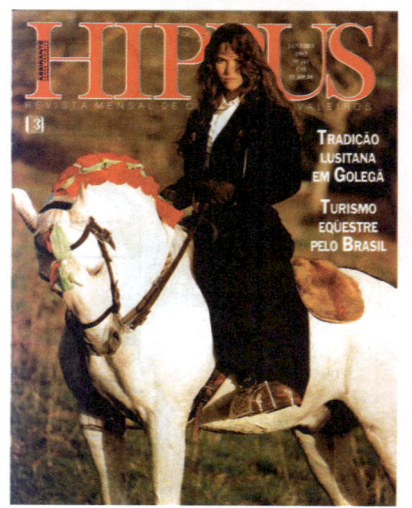

HIPPUS
REVISTA MENSAL DE...

TRADIÇÃO LUSITANA EM GOLEGÃ

TURISMO EQUESTRE PELO BRASIL

amiga TV TUDO

Mais um escândalo nos discos
PAULA ABDUL E JANET JACKSON NÃO CANTAM EM SEUS LPs

CONCURSO LOVE-AMIGA

AIDS MORTE DO EX-NAMORADO APAVORA MADONNA

STALLONE vira Rambo e agride fotógrafos

O confuso romance de Cássio Gabus e Luciana Braga

CADERNO DE NOVELAS
AUTOR REVELA SEGREDOS DOS BASTIDORES DE PANTANAL
TUDO SOBRE A ESTREIA DE ANA RAIO E ZÉ TROVÃO
O CASAMENTO DE TONIA MAGALHÃES: SAI MEU BEM, MEU MAL

Ingra Liberato & ANA RAIO

GRÁTIS MINIPOSTER DE ALMIR SATTER COMO ZÉ TROVÃO

FOFOCA CLAUDIA OHANA CASA NOS EUA
A SEPARAÇÃO DE FAUSTÃO

Acima e à direita: apresentando seu programa de viagens *Cavalgadas*

Pôster autografado de Ingra como Ana Raio

O dom

Ontem, dia 20 de agosto de 2016, recebi meu segundo aviso de cobrança sob ameaça de enviarem meu nome para o Serasa, e pela primeira vez meu cartão de crédito foi recusado. Na hora estremeci e passei alguns minutos sentindo calafrios pela expectativa de ficar na "rua da amargura". Felizmente, me veio uma intenção de respirar profundamente e mais uma vez me firmar no amor-próprio e na autoconfiança. Pensei: eu posso fazer alguma coisa? Já estou fazendo. Estou escrevendo vários roteiros e encaminhando-os para se realizarem, além deste livro, que está sendo uma profunda redenção. Só gasto com comida e passagem para ver meu filho. Esse tem sido o preço da imensa arrogância de não ter expandido meus dons como poderia. A desatenção com a minha vida profissional e a falta de coragem em assumir a responsabilidade pelo meu sucesso me trouxe até aqui. Vibrar amor e ter confiança é fundamental, mas sem a ação o processo fica incompleto. Sei que tenho realizado muito, mas recuo constantemente, e agora quero olhar para tudo com consciência e mudar esse padrão altamente destrutivo. Estou fazendo o que está ao meu alcance com todo amor e dedicação. Então, vamos em frente, como qualquer pessoa que tem um grande desafio. Devagar, dando conta de um dia por vez, com alegria de viver e gratidão por tantos aprendizados. Por incrível que pareça, estou feliz. Atenta às oportunidades no agora e dando meu melhor ao que tenho nas mãos: você. Ou melhor, você me tem nas mãos. Literalmente.

Vamos em frente.

Depois do Kikito, fiquei uns cinco anos fazendo teatro e cinema bem esporadicamente. Estava desejando muito uma expansão no meu mercado de trabalho, e o universo correspondeu ao meu chamado.

No início de 2011, estava vivendo a rotina do verão em Porto Alegre quando Carolina Ferraz me ligou.

– Ingra, estou fazendo uma peça aqui no Rio e preciso ser substituída em um final de semana por causa de uma viagem inadiável. É para daqui a dez dias e só posso fazer um pedido desses a uma amiga.

Ela disse a palavra mágica, "amiga", e me lançou um desafio bem no momento em que eu pedia aos céus para ser desafiada. Aceitei.

Era uma peça com Taís Araújo, Arlete Salles e Ivone Hoffmann e se chamava *Amores, perdas e meus vestidos*, espetáculo que fez sucesso no circuito off-Broadway. Ao final da conversa, Carolina me passou o texto por e-mail. Duas horas depois, eu já estava com ele impresso e novamente ao telefone, mas dessa vez por algumas horas: tinha que marcar cada fala, pois as personagens não tinham nome e eu não saberia qual era a minha.

Era uma terça-feira, e a substituição seria para o final da semana seguinte. Combinei com o Duca a logística para me ausentar e arregacei as mangas. Decorei todo o texto com bifes enormes, que é como chamamos uma fala muito extensa, e na sexta já estava no Rio para assistir a uma apresentação e começar os ensaios. Me hospedei na Carolina e no início da semana começamos os ensaios com o diretor Alexandre Reinecke, que tinha vindo de São Paulo especialmente para isso. Passei três dias ensaiando, só eu e o diretor, e na quarta da semana de estreia já estava pronta. Resolvemos fazer uma leitura com todo o elenco na casa da Carolina, pois no dia seguinte ela viajaria. Lembro-me da Arlete me dizendo com muito jeito:

– Ingra, se você quiser, podemos chamar alguém para fazer o ponto.

"Ponto" é quando uma pessoa fica nos bastidores lendo o texto e, se você esquece, essa pessoa diz a fala pelo fone que está em seu ouvido e você repete. Muita gente faz isso, em substituições e em outros casos.

Então eu disse à Arlete para observarmos naquele ensaio em que estágio de segurança eu estava para saber se haveria necessidade. O que aconteceu foi que eu já sabia todo o texto e a ordem de entrada com uma segurança impressionante. Não toquei no papel para olhar em momento algum. Todos respiraram aliviados, mas ainda tinha as milhares de marcas de movimentação que só ensaiaríamos no dia seguinte, antes da estreia. Eu tinha me preparado na sala da Carolina e, quando cheguei ao teatro, as dimensões eram muito maiores. Mesmo assim, minha concentração e foco foram tamanhos que executei tudo com perfeição. Já no primeiro dia, eu dominava texto e marcas. Nos dias seguintes, eu estava tão segura que parecia que tinha ensaiado um mês.

Além dessa, nos últimos dois anos fiz duas substituições. Substituí por alguns meses a Luísa Thiré, dividindo o palco com minha amiga Cristiana Oliveira na peça *Feliz por nada*, de Martha Medeiros; e também substituí numa temporada carioca a Helena Ranaldi na peça *Amores urbanos*, de Marcelo Rubens Paiva, Mário Bortolotto e Clovys Torres. Nas três experiências, eram papéis protagonistas com muitas marcas e textos gigantes. Tenho uma teoria: quem está chegando para substituir pega o bonde lá na frente e pode se beneficiar de toda a experiência que o grupo teve na preparação do espetáculo. Claro que precisamos ter facilidade para decorar texto e marcas rápido, e graças a Deus eu tenho, mas não precisamos do longo processo de experimentação já feito por todos. Quem vai substituir pode receber a concepção construída pelo outro ator e dar um passo além. É uma ótima oportunidade para exercitar o foco, a inteligência e a coragem. Realmente é um belo desafio, e nessa primeira vez nem eu acreditava no que tinha acabado de fazer. O Duca, que tinha acompanhado um pouco essa jornada, pegou um avião para conferir minha façanha e, no último dia de apresentação, tive ele e o Lázaro Ramos boquiabertos na saída do espetáculo.

– Tem certeza de que você não conhecia essa peça antes de ser chamada? – perguntou o Lázaro.

– Não! – respondeu o Duca. – Ela recebeu o texto há dez dias e só assistiu à peça uma vez!

Realmente, eu tinha dado conta de muito texto e marcas que mudavam o tempo todo de forma frenética. E o melhor: eu estava tranquila e curtindo muito. Agradeço humildemente por essa capacidade.

Durante o final de semana, a Taís, que estava com a gravidez adiantada, me perguntou se eu podia substituí-la numa viagem e na extensão da temporada. Falei que sim e levei o texto para Porto Alegre, caso fôssemos realizar esse plano. A produção confirmou em seguida que seria melhor eu fazer a viagem, mas sobre a temporada ainda não estava certo. Dessa vez, não tive diretor nem passagem de texto com os outros. Já estavam todos seguros com meu desempenho e, como eu já tinha feito no lugar da Carola, deixaram que eu me preparasse sozinha para substituir a Taís. Fiz com perfeição mais uma vez e voltei para casa. Dias depois, a Taís me ligou dizendo que queriam estender a temporada e pedindo que eu ficasse no lugar dela para ela dar à luz. Recusei com alguma desculpa "tão importante" que já nem lembro mais. Seriam alguns finais de semana do movimentado verão no Teatro do Leblon, que estava sempre lotado. Visibilidade em um ótimo espetáculo e oportunidade de estar no Rio, mas nessa época eu ainda me guiava pela ilusão de que teria que escolher entre a família e o trabalho.

Muito cuidado com a voz interna que nos comanda. Esse é um estudo fino, só com muita atenção e amor vamos conseguindo identificá-la. Se "ela" nos pede que fiquemos parados sem motivo real diante de um caminho que se abre, é bem possível que essa voz seja do medo. Melhor não dar ouvidos a ela, firmar na confiança e seguir em frente exercendo seus dons.

Não tive maturidade para aproveitar a chance mais uma vez, me acomodei e meu casamento pagou o preço da minha insatisfação profissional. Depois de uma tentativa de separação malsucedida pelo tamanho da dor em 2010, finalmente, em 2012, o Duca e eu nos separamos.

Fiquei sem chão. Não tinha ideia de como sobreviveria dali para frente. Nem emocional nem financeiramente. Mais uma vez eu tinha aberto mão da minha carreira e só percebia isso quando a desculpa se esgotava. Nesse caso, a família. Que, se fosse uma das múltiplas realizações, seria a família mais amorosa do mundo, mas, sendo a tábua de salvação da minha felicidade, ficava sobrecarregada. Como é que uma pessoa que, como todo mundo, tem dons e sente necessidade de expansão vai se sentir realizada apenas com a vida familiar? Se existe ilusão maior que essa, eu não conheço! Estava mais do que claro depois de onze anos que o mercado local não seria suficiente para que eu me sustentasse. Durante o casamento, poucas vezes consegui ajudar nas despesas da casa. Pagava minhas contas e às vezes nem isso. E depois de tanto sentimento de frustração por não estar exercendo meu trabalho como eu gostaria, mudar de profissão para ter emprego seria a morte. Já sei dessa minha necessidade visceral de me expressar como artista e naquele momento não tinha tempo para começar uma nova carreira em outra área. Como escrever, por exemplo. O Sul é um mercado excelente para escritores e músicos, mas eu não tinha dado nem o primeiro passo nesse sentido. Na verdade, essa análise toda só consigo fazer agora. Na época, fiquei sem cabeça nenhuma para ter uma boa ideia, e o coração estava despedaçado. Precisava tomar uma decisão, e a solução mais óbvia para conseguir trabalho e me sustentar era voltar para o Rio. O Duca e eu decidimos ser o mais amáveis possível um com o outro para sobreviver àquele momento, e ele resolveu me dar uma ajuda de custo mensal até eu conseguir algum trabalho. Serei eternamente grata por essa generosidade e por todo o processo que, mesmo sendo de separação, sempre foi guiado por amor, confiança e ética. Tenho o Duca como um dos meus melhores amigos, com quem sei que posso contar em qualquer situação. A forma linda como desejamos a felicidade do outro constantemente me emociona.

A princípio, resolvemos que falaríamos bem um do outro independente das nossas questões e ressentimentos. Tomamos essa decisão pelo Gui, mas quem acabou se beneficiando com isso fomos nós. Aos poucos, o que era um comportamento apenas racional foi se transformando em sentimento real de bem-querer. E hoje podemos usufruir da bênção que é uma relação pacífica e parceira. Sinto muita gratidão por termos construído isso e também por ter encontrado nessa vida um pai tão maravilhoso para meu filho. Se esses anos no Sul me abençoaram com algumas conquistas, as mais importantes foram essa família, que me traz muitas alegrias nas coisas mais simples, e a parceria do Duca na criação do nosso Gui.

Voltei para o Rio que amo, mas estava completamente destruída emocionalmente sem minha família. Não me lembro de ter sentido dor maior na vida. Chorava diariamente e só conseguia dormir com remédio ou bebida. Rezei tanto e falei com tantos produtores que dois meses depois a Record me contratou por um ano para fazer a novela *Balacobaco*. Não teve grande sucesso, foi uma novela normal de mercado. Eu estava certa sobre a necessidade de estar num grande centro para fazer a roda girar com mais possibilidades. Pena que não tive a inteligência de conduzir meu retorno com mais foco em gerar estabilidade financeira para depois do contrato.

De qualquer modo, graças a essa bênção de ser logo contratada, pude respirar um pouco e criar uma rotina de visitar meu filho de quinze em quinze dias.

Nos últimos quatro anos, essa tem sido minha vida: duas semanas no Rio, uma em Porto Alegre. Sem falar que no verão passo um mês no Sul com a família gaúcha e depois passamos algumas semanas com a nossa família da Bahia.

Preciso abrir aqui um parêntese para falar do meu filho Guilherme. Na verdade, esse guri tem sido uma fonte de inspiração para encontrar força e determinação para seguir no caminho da evolução por meio do amor e da ética. Quando me separei dele, achei que não ia aguentar. Até hoje me pergunto como aguento, e a resposta é exatamente o amor que sinto por ele. Sua parceria e presença na minha vida me enchem de força de superação e me estimulam na cura de tudo o que me limita e me faz sentir menor do que sou. Quando você está infeliz, sente uma vontade inconsciente de se destruir. Mas a minha responsabilidade de mãe constantemente me resgata. É a consciência de que preciso estar inteira e com a máscara de oxigênio colocada para ser capaz de pôr a máscara nele quando for necessário. E não é só em momentos dramáticos que ele pode precisar de mim. Às vezes, um olhar firme e amoroso da mãe pode sustentar toda a existência de um filho. Se quero que ele busque e realize sua própria felicidade, é bom que eu esteja indicando a direção. Nossos caminhos podem ser completamente diferentes, mas é exatamente por saber que cada um sente qual é o seu propósito de vida que sou exemplo de busca da minha realização pessoal. É a parte que me cabe. Não importa quantos tropeços e levantadas eu vivi. Continuo firme e acreditando na vida e na importância de exercer o nosso dom. Graças a um despertar percebi que não me perdoaria se não desse o exemplo de evolução ao meu próprio filho. Me resgatei de muito sofrimento e decidi enxergar a minha luz. Depois do primeiro ano vivendo sozinha no Rio, constatei que a infelicidade me mataria e decidi parar de beber diariamente e de tomar remédio para dormir. O álcool foi um processo de alienação que começou ainda morando no Sul para disfarçar a frustração e continuou como "anestesia da dor" depois que vim para o Rio. Felizmente eu ainda não era uma dependente física, mas era dependente emocional. Precisava beber uma ou duas doses para conseguir colocar a cabeça no travesseiro. Fiz muito mal a mim mesma para sentir tamanha culpa. Parei de me autodestruir e me determinei a exercer minha plenitude nesta vida. Não sei até onde vou chegar, mas neste momento estou a serviço do amor. Meu filho merece e eu mereço ser, no mínimo, meu melhor. Quero exercer meu maior amor e minhas melhores intenções para qualquer pessoa que cruze meu caminho e irradiar essa atitude para meu filho. Sou humana e tenho falhas, mas integrar e transformar todos os meus erros é meu propósito.

À medida que fui me resgatando das sombras, comecei a sentir minha luz de felicidade refletida no olhar de Guilherme. Nosso amor e admiração mútuos têm sido a maior inspiração para a minha transformação. Hoje sei que esse resgate é a coisa mais importante que posso fazer por nós dois. É a retribuição a esse cara que escolheu nascer no meu ventre apesar das minhas imperfeições. Um menino que é um lago de doçura e atenção com todos; um guri que sempre foi poeta e desenhista como o vovô Chico; saudável de corpo e alma, graças a Deus. Esse menino veio para me mostrar como ser forte e amorosa. Guilherme é meu farol.

Nos três primeiros anos de Rio, usufruí toda a diversidade do mercado sem me preocupar muito com o futuro. Recebendo convites frequentes de trabalho em teatro, cinema, comerciais e às vezes recusando trabalho por falta de tempo. Até que, em meados de 2015, parou tudo. O Brasil entrou em uma crise absurda e quem nunca tinha se preocupado e se planejado para momentos difíceis ficou a ver navios.

O que aconteceu foi que não abri mão das visitas frequentes para ver meu filho, moro em uma das cidades mais caras do mundo e estou há mais de um ano fazendo poucos e esporádicos trabalhos. Comecei a acumular juros sobre juros no cheque especial e passei meses nadando contra a maré.

Apenas um trabalho neste último ano realmente fez a diferença nas minhas finanças, e aconteceu também por causa de muita determinação. Eu estava em São Paulo visitando algumas produtoras quando o diretor francês Patrick Mille, que passava uma temporada no Rio, viu meu portofólio e pediu para o meu empresário, Marcus Montenegro, perguntar se eu tinha noção de francês. Respondi que não, e qual não foi minha alegria quando mesmo assim ele me quis no elenco do seu longa *Going to Brazil*. Voltei de São Paulo para o Rio dirigindo e me trabalhando internamente para manter a leveza e a criatividade no encontro. Precisava muito estar nesse filme e sabia que qualquer vibração de dúvida e medo me fariam perder a oportunidade. Seria importante o Patrick sentir minha autoconfiança para bancar a escolha. Nosso encontro no dia seguinte foi cheio de uma energia muito positiva e decidimos fazer uma leitura. Eu achei tranquilíssimo falar francês, e ele também viu que eu daria conta. Foi uma empatia instantânea e um dos sets mais inusitados que já experimentei. Quase todos os atores eram franceses, e os raros brasileiros falavam francês. Mas eu me sentia em casa e, por algum efeito da sintonia, interagia com todos o tempo todo. Era uma bela participação no núcleo principal como uma esposa louca, e a minha sintonia com Patrick era tanta que ele olhava para mim e inventava mil ações que não estavam escritas. É uma comédia e ainda não foi lançada. Vamos ver se é boa e se restará algo de mim no corte final.

Em cinema, quando fazemos papel médio ou pequeno, corremos sério risco de desaparecer. Já vi casos de atrizes que fizeram uma ou duas cenas no filme, divulgaram a participação nos quatro cantos e, no dia da estreia, ficaram muito bravas porque não estavam no telão. Então já sei que o resultado depende de muitas variáveis. Com cinema, eu faço o melhor que posso e depois rezo. Rezo para o diretor não mudar de ideia, para o editor enxergar minha colaboração e não cortar, enfim, para que na composição final meu tijolinho possa contribuir com o todo. Longa-metragem é uma obra fechada e perene. Então, a finalização pode durar um ou mais anos, e nesse processo o filme pode se transformar completamente. Os cortes são necessários e sequências inteiras podem sumir. Com televisão é diferente. A cena que você está gravando pode ir para o ar no dia seguinte e o processo não é tão complexo e demorado. Na hora, o diretor já faz uma pré-edição cortando de uma câmera para outra e já define qual foi o take que valeu. Quase tudo é decidido ali, e você pode acompanhar.

Então eu tinha acabado de rodar esse filme, que pagou as minhas dívidas do ano, mas de novo não sabia o que ia fazer. Já tinha visitado todas as produtoras e nenhuma previsão de trabalho.

Felizmente esse universo pleno de possibilidades mais uma vez me iluminou. Na verdade, temos muitas possibilidades o tempo inteiro e não as enxergamos. Falando por mim, eu poderia ter me dedicado à escrita desde a adolescência.

Tinha facilidade para escrever e tive sinais de que esse caminho poderia ser promissor. Como quando, aos vinte anos, ganhei um concurso literário do Desenbanco, Banco do Desenvolvimento do Nordeste. Esse dom sempre se fez presente e, em vez de desenvolvê-lo na prática, eu gostava de exibi-lo, mas não o assumia. Uma das coisas que mais me irritavam no início da carreira de atriz era ouvir o Jayme dizer:

– Como atriz você ainda vai aprender muita coisa, mas como escritora você já nasceu pronta.

Claro que era um exagero, mas eu realmente me sinto muito confortável quando escrevo e poderia ter me dedicado mais. Pura rebeldia. Vamos encarar os fatos: eu me negava a escrever porque queria atuar e tinha medo que uma coisa excluísse a outra. De vez em quando atendia um pedido do Jayme para escrever uma cena para a novela. Sentava e escrevia em poucos minutos exatamente no tom que ele queria. Para provocar risos, choro ou reflexão. Também escrevia para as matérias sobre cavalos e às vezes pedia para colocar meu próprio texto em alguma publicação com ensaio fotográfico meu. Quer dizer, só escrevia informalmente e sem ganhar nada por isso. É melhor nem comentar.

Então, estava cheia de energia na busca por trabalho, quando minha irmã Cândida me ligou e perguntou:

– Irmã, você tem alguma ideia de série para TV?

Na noite anterior, eu tinha assistido *Boi Neon*, por acaso, no Festival do Rio. Não conhecia o ótimo diretor pernambucano Gabriel Mascaro e nem tinha convite. Tinha acabado de ver um documentário e alguém me convidou para assistir a esse longa, dizendo que era muito bom. Resolvi ficar e saí do cinema encantada. Sonhei com o filme e, pela manhã, minha irmã fez essa pergunta. Na mesma hora me veio uma ideia.

– Tenho – respondi. – Uma série sobre o universo dos cavalos, e se chama: "Peões, Vaqueiros e Outros Cavaleiros".

Ela adorou de cara e perguntou se eu podia fazer uma sinopse. Falei que sim, mas teríamos que achar alguém porque "eu não tenho capacidade de escrever o projeto todo sozinha". Era medo.

– Tudo bem – ela disse. – Vai escrevendo enquanto a gente acha alguém.

Comecei e senti muita facilidade e prazer em estar escrevendo. Fluiu de uma maneira incrível e, enquanto eu procurava um parceiro, o projeto ia ficando pronto. Meus amigos mais próximos e afins tinham contratos de exclusividade com a Globo ou não teriam tempo. Eu tinha pouco mais que um mês e não podia perder essa oportunidade. Então fui fazendo. Pedi avaliação do que estava escrevendo a dois amigos aos quais serei eternamente grata: Newton Cannito e Mauricio Gyboski. Também tive a colaboração de Ducca Rios, sócio da minha irmã nesse núcleo criativo, e, quando finalmente encontrei alguém talentoso e disponível, o projeto já estava praticamente pronto. Incorporei algumas valiosas sugestões do meu amigo Felipe Pena, que chegou aos quarenta e cinco do segundo tempo para assinar a parceria da série. Enviamos o projeto junto com outros e alguns meses depois recebi a notícia de que tínhamos ganhado o edital. Aquilo foi incrível! Eu mal podia acreditar! Começava naquele momento a florescer um dom. Vi esse acontecimento como um forte sinal e a possibilidade de salvação da lavoura. Depois do longa francês, fiz quatro meses de teatro ganhando pouquíssimo, e minhas dívidas no banco começaram a crescer de novo. Só assim, na escassez total de dinheiro, para eu deixar de ser rebelde e encarar o medo.

Pouco tempo depois, minha irmã pediu que eu retomasse um projeto dela que estava engavetado e, de novo, senti facilidade definindo conceito e sendo precisa nos diálogos. Era uma série infantil que misturava apartamento com lendas indígenas. Newton virou meu consultor e grande incentivador. Qualquer dica dele eu seguia e criava da forma mais orgânica do mundo, como se tivesse feito isso a vida toda. Então ele me convidou para ajudá-lo na elaboração de conteúdo para divulgação da Nau dos Insensatos, local de encontro literário Off Flip concebido e produzido por Thelma Guedes e o próprio Newton para fomentar leituras em saraus e discussões sobre literatura. Uma ideia maravilhosa. Aceitei na hora! A Nau é gerida pelo Instituto Fabular, que tem me influenciado muito no aprendizado de como contar a própria história. O Newton tem me mostrado como por meio dessa proposta podemos resgatar e ressignificar nosso passado, "fabulando" a nossa vida. Ao escrever nossa história, temos a oportunidade de valorizar as experiências e nos transformar.

A Nau dos Insensatos realizaria uma programação própria, paralela à da Flip, que atrai muitos autores e amantes da literatura. Teríamos mesas e saraus sobre loucura, "fabular" a vida e o que mais criássemos. Fiquei muito entusiasmada e cheguei a Paraty três dias antes da abertura, só para ficar escrevendo e trocando ideias com o Newton. Como dividia a redação do texto com outras pessoas sem precisar assinar, me soltava para relatar da forma mais divertida e delirante nossas atividades insanas a nossos convidados. Todos os dias tinha um sarau onde eu, convidados e quem se dispusesse líamos textos de autores consagrados ou iniciantes. Textos incríveis que eu estudava um pouco e lia com muita entrega. Antes da abertura das atividades, quando ainda estávamos selecionando os textos que seriam lidos, Newton me disse:

– Por que você não lê um texto seu?

Tremi na base.

– Meu?

– Claro! Por que não?

De cara fiquei apavorada, mas a ideia era muito boa. Ter a possibilidade de ler um texto meu para uma plateia tão seleta seria incrível. Todos os dias tínhamos a presença dos nossos queridos convidados no sarau, lendo ou simplesmente assistindo. Ana Vitória Vieira Monteiro, Leona Cavalli, José de Abreu, Paulo Betti, Caco Ciocler e outros que apareciam por lá. Também havia os autores dos textos que estávamos encenando. Escolhi então um texto meu que retratava minha loucura, já que esse era o tema, e programei para ler no último dia. À medida que os dias iam passando, eu ficava cada vez mais apavorada com o compromisso de ler meu texto para aquelas pessoas. Algum processo para superar meus medos estava transformando uma coisa simples num verdadeiro parto. Os outros textos que li só me davam prazer. O meu causava calafrios. Então chegou o último e fatídico dia. Tinha muita gente para ler e eu fui logo dizendo para a Thelma que, se não desse tempo, eu não leria o meu.

– De jeito nenhum! Vai dar tempo, sim! – disse ela com sua generosidade característica.

Algumas pessoas leram antes de mim e então resolvi me jogar. Subi no palquinho, respirei e me entreguei à experiência de corpo e alma. Eu tinha sido impecável com os outros textos nos dias anteriores. No meu, errei umas palavrinhas, tamanho foi o nervosismo. A Thelma fez questão de sentar bem na minha frente para escutar, e quando acabei fui muito aplaudida. Ufa! O que foi aquilo? Que sensação de êxtase foi aquela? Se ler um bom texto de outra pessoa já me deixa à flor da pele, imagina ler um texto meu! Inenarrável! Parecia que eu estava me despindo! Sensação de terror e prazer ao mesmo tempo. Apesar dos erros que só eu vi, algumas pessoas vieram comentar que foi minha melhor leitura.

Sei que toda essa semana escrevendo foi extremamente transformadora. Quando fui para Paraty, já tinha escrito o primeiro capítulo deste livro. Foi aí que o Newton leu e adorou. Então, no primeiro dia de Flip, a Ana Vitória, que foi a pessoa que me deu a ideia deste livro, disse:

– Ingra devia participar de uma mesa falando do livro que está escrevendo.

Quase caí para trás. Esse primeiro capítulo escrito tinha sido extremamente difícil! Me sentia desnuda e desprotegida. Imagina falar abertamente sobre isso. Nem pensar! Recusei na hora, dando ainda mais consistência ao livro.

– Medo do sucesso – concluiu Newton.

Aqueles foram dias de clara expansão dos meus limites. Muita cura aconteceu, e eu abri de vez a porta da escrita.

Voltando dessa experiência, segui escrevendo a série infantil e comecei o roteiro do documentário sobre meu pai. Outro processo bem difícil para mim. Falar das gerações passadas começou a mexer na minha relação com meus irmãos e com medos ancestrais. Pensei: prepare-se que esse processo vai ser catártico. E foi.

Colapso

Bem, se você ainda não se localizou no tempo sociopolítico em que o Brasil se encontra, vou dizer com exatidão. Estamos no quarto dia do processo que julgará o impeachment ou não da presidente afastada Dilma Rousseff. Cada senador e testemunhas de defesa ou acusação sendo ouvidos em sessões que vão da manhã à madrugada, transmitidas ao vivo pela TV. Não vou entrar no mérito desse processo. Todos têm razão, e se você tentar conciliar as partes estará no meio do fogo cruzado desse campo de batalha. O fato é que, desde a reeleição, Dilma não conseguiu governar, a Lava-Jato revelou esquemas bilionários de corrupção e o país entrou em colapso e crise. No início desse grande movimento, que sempre acreditei e acredito ser para nosso amadurecimento, participei de abaixo-assinados contra o afastamento de Dilma. Vendo a hostilidade reinar, desfazendo amizades de forma absurda, resolvi não me manifestar sobre isso diariamente nas redes sociais. No período em que a onda de manifestações assolou o país, me pronunciei poucas vezes, com extremo cuidado, sem atacar e dizendo que a reflexão política era fundamental, mas que a aceitação da diversidade e as amizades fossem preservadas. Me colocava muito mais fazendo perguntas para que cada um pensasse por si do que dando respostas. Me sentia uma voz na multidão.

Todos estavam a fim de brigar e se xingar mutuamente. Umas duas vezes postei textos políticos, com foto da bandeira do Brasil e tudo, mas, como eram discursos de paz e não de ódio, tiveram repercussão moderada. Para minha surpresa e honra, um deles chegou a ser publicado pelo meu amigo e jornalista político Jorge Bastos Moreno em seu blog. Mas, diante do que vou contar, isso foi um detalhe, e Deus mora bem aí.

Uns vinte dias antes do presente momento, fui convidada para integrar a comissão especial que iria escolher o filme brasileiro que tentaria uma vaga no Oscar. Lembram do Alfredo Bertini, que articulou com o governo de Pernambuco e ajudou a viabilizar aquele meu primeiro longa? Pois então. Ele tinha assumido a Secretaria do Audiovisual no governo interino e me prestigiou com esse convite tão especial. Me senti honrada e muito feliz com a oportunidade de contribuição para nosso cinema. Essa função sem cachê nenhum se caracterizava realmente por ser uma declaração de devoção e um serviço ao cinema brasileiro.

Convite aceito, foram tomadas as providências de logística e publicação dos nomes no Diário Oficial. Bem, desde o dia em que nossos nomes foram divulgados, começou o que se transformaria num inferno. Toda a classe cinematográfica estranhou e não avalizou a escolha de um integrante que normalmente seria apto à função, mas que, nesse caso, tinha se manifestado publicamente contra uma manifestação política feita pela equipe de um dos filmes concorrentes no tapete vermelho de Cannes. Parece que este colega e o diretor do filme se xingaram algumas vezes, tornando a relação pessoal e insustentável. Então, toda a classe começou a manifestar desconforto por achar que aquele membro da comissão jamais seria imparcial. Quase todos os dias saíam notícias desse embate nos jornais e blogs especializados. E, apesar de não ter sido atacada nenhuma vez, comecei a me incomodar no lugar em que estava. Não pelo lugar em si, que para mim era realmente de prestígio, mas por fazer parte de um grupo que estava sendo debatido em sua legitimidade graças à situação política do momento e à presença de uma pessoa non grata perante a classe. Pouco tempo depois do início das manifestações de desaprovação vindas de todos os lados, foi noticiada a desistência de dois filmes na disputa pela vaga no Oscar: *Boi Neon* e *Mãe só há uma*, dirigidos respectivamente por Gabriel Mascaro e Anna Muylaert, que decidiram não inscrever seus filmes em apoio a Kleber Mendonça Filho e seu polêmico *Aquarius*. Pronto, falei o nome de todos. Até porque, no Google, qualquer palavra-chave desse episódio contará em qualquer época a história completa.

Nessa mesma semana, além da saída dos dois filmes, *Aquarius* recebeu classificação indicativa de 18 anos, aparentemente em represália ao tal protesto no tapete vermelho.

Então, uma sensação de desconforto começou a crescer em meu peito. O cenário estava se configurando em guerra de ideologia política e vaidades, e eu estava em um dos lados. O que era para ser um grupo representativo de toda a classe, na tentativa de uma vaga no Oscar, virou um lado apartado e contra a classe que pretendíamos representar.

Aceitei achando que seria um processo legítimo em prol do nosso cinema de qualidade, e justamente esses profissionais que admiro não estavam legitimando o processo. Apesar de sempre ter sido citada como participante da comissão de forma respeitosa, comecei a sentir que aquele não era o meu lugar. Então, diante de toda a confusão, o colega Guilherme Fiúza Zenha decidiu sair. Saiu sem dizer nada, e isso deu margem para os dois lados criarem mil motivos imaginários que alimentassem seus interesses. Nesse dia, acompanhei estarrecida as manifestações se acalorando ainda mais, e nessa noite vivi o que me pareceu uma travessia dolorosa e angustiante. Não tive sono nenhum! Não podia colocar a cabeça no travesseiro e dormir tranquila. Entrei com uma intenção e meu papel estava virando outra coisa, completamente fora do meu controle.

Li todas as matérias na internet e a cada leitura ficava mais claro que eu estava no lugar errado. Não pela intenção inicial do Bertini, que sempre quis fazer o melhor, mas pelo que tinha se transformado diante da atitude de outras pessoas e dos acontecimentos.

Às três horas da madrugada, resolvi escrever um desabafo para não explodir. Li e reescrevi algumas vezes até decidir publicar no Facebook e compartilhar com meus amigos. Eu falava basicamente do meu sofrimento em ver o processo que deveria ser de união se transformando em guerra. Também declarava minha disposição em ser substituída. Olhando para esse momento, percebo que queria sair e estava com medo de assumir a responsabilidade da escolha. Que é exatamente o assunto deste livro. Medo do sucesso é medo da responsabilidade da escolha.

Larguei o computador e finalmente devo ter cochilado umas duas horas antes de levar meu filho para a escola. Falei o mínimo para conter o stress que me consumia. Voltei para casa e desabei em prantos diante de Dália, a avó do meu filho. Era uma situação muito delicada e nem ela, que é a maior militante política, tinha certeza se eu deveria ter a coragem e a ousadia de sair da comissão. Pensei: não vou aguentar duas semanas desse sofrimento. Preciso tomar uma decisão. E comecei a raciocinar sobre todos os prós e contras de estar nessa função. Pensei: eu sou uma atriz. Avaliar colegas já é complicado. Nessa situação, então, nem se fala. Decidi consultar duas pessoas ligadas à política e aos artistas. Às oito horas da manhã, estava tomando café com a Manuela d'Ávila, atual esposa do Duca e mãe da apaixonante Laura, irmã do Gui, e ela me deu informações importantes. Às nove horas, já estava em casa ligando para Jorge Bastos Moreno que, depois de me ouvir atentamente, foi firme em sua opinião. Mas eu ainda precisava fazer as últimas considerações para bater o martelo. Era um tiro no escuro e muitíssimo arriscado. Naquele momento era quase impossível prever o resultado de qualquer decisão. Dava medo, mas o meu desejo era me colocar como alguém que não quer participar de algo que deveria ser um debate sobre nossa identidade cultural e artística e que, em vez disso, tinha se tornado uma guerra política. À medida que o tempo ia passando, a situação se agravava, porque meu desabafo já estava sendo publicado nos principais jornais e isso tinha puxado o foco para mim. Ou eu decidia rápido ou agravaria o estrago iniciado por tanta controvérsia na estabilidade da comissão. Finalmente decidi arcar com as consequências e sair. Liguei para o Bertini, que estava desembarcando para o Festival de Gramado, e dei a notícia da saída. Foi muito sofrido para mim. Ele me deu a bela notícia de que Bruno Barreto tinha aceitado integrar a comissão no lugar do Guilherme e me falou sobre todo o apoio institucional que estava recebendo. Logicamente isso era verdade, mas também é verdade que não sou uma gestora pública ou política no sentido prático. Sou consciente e atuante como cidadã, mas antes de tudo sou uma atriz e agora roteirista que se sente confortável no processo criativo e colaborativo. Nesse momento nenhum membro da comissão havia recebido os filmes para assistir e o processo estava no ponto em que substituições poderiam acontecer tranquilamente. Firmei minha decisão de sair, baseada na integridade e no desejo de comandar minha vida com coragem. Avisei que iria publicar um texto esclarecendo meus motivos, pois acreditava que isso seria benéfico para nós dois, e assim o fiz. Um dos grandes riscos que eu corria era provocar interpretações deturpadas sobre minha saída. Escrevi um texto lamentando a saída, reafirmando minha confiança em Bertini e relatando os motivos de forma sucinta, com o máximo de transparência e respeito por todos.

Aos poucos o alívio foi tomando o lugar da recente angústia e transformando aquelas últimas horas.

No início da tarde, meu texto tinha sido reproduzido na íntegra nos principais jornais do país.

Meu post no Facebook com essa declaração de saída tinha sido curtido mais de mil vezes e tinha tido perto de trezentos compartilhamentos. Só para você ter um termo de comparação, quando uma foto ou texto meu faz sucesso atinge duzentas curtidas, no máximo trezentas, um ou dois compartilhamentos e só. Esses números não devem ser objeto de preocupação, mas são sem dúvida parâmetro de repercussão. Meu telefone não parava de tocar. Recebi várias ligações de apoio e uma frase foi comum a todos:

– Parabéns pela coragem!

Fiquei chocada! Extasiada com as proporções que o ato atingiu. Sinceramente, eu nunca tinha vivido isso. Na época em eu que habitava os corações de milhares de fãs, não existia internet.

A evolução digital tem acontecido de forma absurdamente rápida. Há exatos cinco anos, me surpreendi com um smartphone que recebia um e-mail na minha frente. Configurei minha primeira rede social, Facebook, em 2009, sendo que minha derradeira novela com ótima repercussão aconteceu em 2005. Quer dizer, o melhor alavancador de uma página, que é compartilhar um trabalho de sucesso na televisão, ainda não aconteceu para mim. Por isso, sempre fui uma artista modesta nas redes sociais.

Então, esse acontecimento me fez pensar e me observar de fora. O que esse impacto tinha causado lá no fundo? Eu tivera medo da extraordinária exposição? Curiosamente, não. Para minha surpresa e alegria, aquele acanhamento que eu costumava ter diante do foco não se estabeleceu nessas horas em que eu estava exatamente no olho do furacão. Por outro lado, precisava ter muito cuidado com meu ego e não me iludir com a beleza do espetáculo. Foi um evento que sustentei com coragem e consciência de cada etapa do processo, mas não podia me apegar ao resultado momentâneo. É fundamental ter consciência de que uma parte das pessoas aplaudiu de pé, outra parte se surpreendeu e uma outra não gostou nada da minha atitude.

Três dias depois, foi anunciada a Carla Camurati para me substituir. Fiquei sinceramente feliz, pois sou grande admiradora de sua capacidade e talento. Deixei a comissão no dia exato da abertura do Festival de Gramado com o filme que desencadeou toda a discórdia. Soube que houve forte manifestação contra o governo naquela noite. O fato é que essa comissão se tornou posição política. Pelo menos aos olhos de toda a classe. Da minha parte, obedeci a um ser sutil dentro de mim, que só se acalmou quando eu me alinhei com sua dor e segui as suas/minhas instruções. Fiz uma escolha difícil e estava pronta para arcar com as consequências.

No início da semana seguinte, o impeachment foi aprovado pela grande maioria do Senado. Os lados ficaram mais acalorados do que nunca e os ataques, mais carregados de ódio. Era preciso ter muita atenção para estar no lugar que escolhi e não ser usada por nenhuma ideologia alheia a minha. Dessa vez, agi de acordo com meus reais interesses de integridade sem temer a exposição. Hoje, levanto os braços aos céus em agradecimento por ter saído e assumido meu lugar. Me preservei do desfecho indesejado e sustentei a exposição confiando na voz da minha integridade. Aliás, se você percebeu, neste relato escolhi usar a palavra "exposição" em vez de "sucesso". Pois existe o sucesso no sentido da exposição, que é o conceito mais comum; e existe o sucesso no sentido de ser bem-sucedido nas relações, no trabalho e consigo próprio. Ser feliz.

Essa noite tive um sonho que me impressionou. Desde pequena minha mãe, grande admiradora de C.G. Jung, nos "treinou" para lembrar e interpretar os sonhos. Segundo Jung, os sonhos são o contato com nosso inconsciente, que abrange muito mais conhecimento do que nossa vã consciência dos fatos. Por meio dos sonhos, podemos receber recados importantes desse "lugar" pleno de sabedoria, que também está conectado ao inconsciente coletivo.

Eu costumo escrever quando um sonho traz enorme carga de significado. Às vezes, não consigo entender e conto para alguém sensível. A compreensão pode ser mais fácil para quem está de fora. Mas o sonho de então foi de uma clareza impressionante.

Sonhei que estava numa casa com quintal e, junto com algumas crianças, descobria que uma égua tinha acabado de dar cria. Chegávamos perto do potrinho e ele estava lá no chão, todo lambuzado de placenta. Então uma menina, que imagino ser uma dimensão de mim mesma, carregou o potro na tentativa de ajudar e, sem querer, deixou ele cair. O bichinho caiu batendo a cabeça com força e ficou imóvel. Então me aproximei do animalzinho e comecei a assoprar para dentro da sua boca entreaberta como se estivesse soprando vida. Ele se reavivou, eu o levei até a mãe e o coloquei para mamar. Nesse momento, a égua se tornou uma mulher amamentando o seu filho.

Alguns dias depois da saída da comissão, com a cabeça em paz, tive a ideia de lançar este livro na prestigiada Feira do Livro de Porto Alegre. Consultei o Ivan, que concordou, me alertando de que eu precisaria trabalhar sem cessar para cumprir os prazos com tranquilidade. Topei na hora. Antes de deixar a comissão, esse plano seria impensável. Marcamos a data do lançamento e eu estou nas nuvens! Plena de uma felicidade tão intensa que já sinto esse dia com o coração aos saltos!

De repente, tudo ficou claro. Como já disse, um dia de cada vez buscando luz, equilíbrio e conexão comigo mesma.

Fazendo escolhas responsáveis e realizando o que está ao meu alcance. Com o tempo, tudo se encaixa e a visão parcial se amplia, revelando o quadro todo. É preciso respirar, confiar e agir de acordo com a minha consciência.

Já tenho um encontro marcado contigo e isso é um milagre. ;)))

Florescimento

Começa agora um novo ciclo em minha vida. Este mês faço cinquenta anos. Eu me divirto dizendo que sou cinquentenária ou que tenho meio século de existência! Para quem tem medo desse número em idade, aviso que está sendo uma das coisas mais lindas desta vida. De verdade. A paz que vem com a maturidade e o autoconhecimento é libertadora. Sobre o envelhecimento físico, você pode esquecer as rugas, a flacidez e os cabelos brancos e ter a possibilidade de enxergar e expandir sua luz de compreensão da vida. Isso é muito mais poderoso como alvo de admiração e interesse do que a boa forma da juventude. Entrar para a tribo das pessoas que conseguem enxergar além do próprio umbigo é uma bênção sem tamanho. Sabemos que isso pode acontecer em qualquer idade, mas ter tido tempo de percorrer o caminho com as próprias pernas e ter sentido na pele cada experiência é um grande privilégio. Ultimamente, tenho me concentrado no tempo presente. É o que tenho. Não importa quanto tempo ainda estarei aqui. O agora é eterno e se expande quando me conecto ao que estou sentindo na plenitude do momento. Quando estabeleço o contato comigo no agora, consigo sentir o mundo de forma tão plena que a angústia do tempo acaba. Transcendo a ideia de tempo cronometrado e finito para viver a ideia de tempo cíclico, que traz consigo a organicidade e a riqueza de cada ciclo que se abre e se fecha para dar lugar ao que vem a seguir. Tenho experimentado essa sincronicidade com a natureza e ela tem me ensinado muito. Esse diálogo próspero me pacifica, me deixando confiante para habitar a incerteza e enxergar a "resposta" do universo a tudo o que faço.

Tenho a sensação de ter vivido várias vidas numa só, e uma nova está começando. Tenho tido uma existência maravilhosa, cheia de erros e acertos e vivenciada com intensidade, mas realmente não quero ficar repetindo os mesmos padrões e correspondendo às mesmas expectativas. Percebo que a recusa em crescer pertence à era passada. Quero ir além do que fui até agora e sinto que todos estamos aqui para isso.

Penso que às vezes precisamos de uma vida inteira para receber o aprendizado que dará sentido a tudo que ficou para trás. Mesmo quem se abriu pouco para aprender e não quis se transformar pode ter um único instante de lucidez e dar um salto quântico de crescimento que legitima toda a vida.

Imagina se, em vez de distraídos, estivermos atentos ao nosso íntimo e ao outro? Teremos possibilidade de infinitas curas, fazendo desta vida um palco para constante expansão e cocriação com o universo à nossa volta de forma consciente. Há poucos anos venho sentindo profundo encantamento pela vida e, mesmo nos momentos mais difíceis, pelas circunstâncias práticas, tenho conseguido ver por trás do véu a beleza, a riqueza e a generosidade da existência aqui neste planeta.

Agora posso falar contigo com extrema intimidade. Fico imaginando como vai ser olhar nos seus olhos depois de revelar a minha alma. Saiba que é só uma faceta de mim. São muitas faces convivendo harmonicamente e tantas outras novas que podem se manifestar.

Como você testemunhou, muitas vezes na minha vida eu tive tudo o que a maioria das pessoas chamaria de sucesso e estava extremamente infeliz.

Neste momento, estou numa situação que muita gente considera fracasso e tenho ganas de gritar: como eu amo viver! Me sinto amada e me sinto admirada por meus familiares e amigos. Faço qualquer coisa, simples ou complexa, dando o melhor de mim, e a maior conquista de todas: sou capaz de amar. A mim e ao outro.

Isso é muito sucesso!

Finalmente descobri o meu sucesso. Para mim é transcender meus medos, e hoje eu estou atenta a eles. Fazendo as perguntas certas, desfazendo as ilusões e transformando os desafios em trampolim para a expansão das minhas fronteiras.

A vida tende a dar certo. Basta seguirmos seu fluxo, irradiando nossos dons pelo caminho, aproveitando cada momento com suas infinitas possibilidades e sendo capaz de nos abrirmos para o novo. De verdade. O novo realmente novo. Algo que ainda nem vislumbramos para nós.

Esse livro começou com o que aconteceu nesses cinquenta anos de vida, passou pelo dia de hoje e agora se projeta para o futuro. Visualizo esse futuro baseado no amor, em tudo o que tenho aprendido, e libero o universo para me surpreender realizando coisas que ainda nem imagino.

Essa é a graça da vida.

Continua...

IMPRESSÃO:

Pallotti GRÁFICA EDITORA
IMAGEM DE QUALIDADE

Santa Maria - RS - Fone/Fax: (55) 3220.4500
www.pallotti.com.br